*tante ema**

Lieblingsstücke
für Mama und mich

OZ *creativ*

Liebe Leserin, lieber Leser,

ich freue mich, Ihnen nun mein zweites Buch vorstellen zu dürfen! Dieses Buch ist für junge Mütter gedacht und alle anderen, die von lieben Kleinen umgeben sind und für sie nähen wollen. Sie finden hier natürlich auch Schönes zum Verschenken, eben typische süße Stückchen von „tante ema" entzückend und praktisch zugleich.

Meine Tochter hat mich zu neuen Dingen inspiriert. Als berufstätige Mutter möchte man die Momente mit dem eigenen Kind intensiv erleben und hat noch mehr Freude mit den Kleinen, wenn die Accessoires stimmen.

Wer hat das nicht schon erlebt: Man hat es eilig, muss nur kurz weg und dann steht da die riesige Wickeltasche mit allem Drum und Dran. Für diesen Fall habe ich mir eine kleine feine Tasche ausgedacht. Platzsparend macht sie es sich auch in der Handtasche gemütlich, Windeln und Feuchttücher rein und los geht's. Noch mehr Modelle rund um das Thema Mobilität finden Sie im Kapitel „Mama und ich unterwegs".

Meine Tochter schaut sich gerne kleine Bilderbücher vor dem Schlafengehen an. Von denen hat sie so viele, dass sie überall im Zimmer verteilt sind. Mit dem Buchtäschlein passiert das nicht mehr. Jedes Täschlein kann eine andere Farbe bekommen und schon sieht es sehr dekorativ im Bücherregal aus.
Natürlich muss meine Tochter auch Musik haben, sonst liest es sich nicht so schön. Also zieht Mama die Spieluhr in Sternform auf. Mehr Ideen für das Kinderzimmer gibt es im Kapitel „Mama und ich spielen".

Damit sich meine kleine Süße nicht die Finger einklemmt, habe ich einen Türstopper entworfen, den Sie im Kapitel „Mama und ich zu Hause" finden. Ungestörter Schlaf tut schließlich dem Kind und auch der Mutter gut. Ja, und gut ausgeschlafen darf dann direkt auf der Erdbeer-Krabbeldecke weiter gespielt werden.

Damit wären wir gleich beim nächsten Kapitel „Mama und ich backen und kochen". Für charmante junge Männer gibt es ein schickes Lätzchen mit Krawatte. Und für alle, die in der Küche mithelfen möchten, hält Mama Schürze und Kochhandschuh bereit. Gute Tischmanieren kann man nicht zu früh lernen: Deswegen finden Sie hier schöne Servietten, so bleiben Mund und Hände sauber!

Nun dürften Mama und Kind gut ausgestattet durch den Tag kommen! Ich wünsche Ihnen viel Freude beim Nähen für Ihre Lieben und für sich.

Viele süße Grüße

Ihre Tante Ema
alias Emanuela Pesché

Inhalt

Mama und ich unterwegs 6
Einfach goldig!
Kopftuch 8

Alles im Griff
Kleine Wickeltasche 10

Ein Plätzchen für den Schnuller
Schnullertasche 12

Keine Eselsohren an der Passkontrolle
Reisepass-Etui 14

Träum süß, mein Liebling
Nackenhörnchen 16

Alle Unterlagen dabei
U-Heft-Etui 18

Mama und ich zu Hause 20
Frische Decke für erste Expeditionen
Krabbeldecke 22

Schnuffel, schnuffel …
Schnuller und Schmusetuch 24

Hübsch getarnt, aber schön praktisch
Tücherbox 26

Security für zu Hause
Türstopper 28

Herzenswärme
Kirschkernkissen 30

Zuckerstückchen zum Kuscheln
Rundes Pomponkissen 32

Mama und ich spielen 34
Ein Zuhause für den Teddy
Kissen mit Tasche für Teddy 36

Die Welt mit allen Sinnen entdecken
Rasselwürfel 38

Alles drin
Stoffkörbe 40

Alles in Ordnung
Utensilo 42

Sternenstunde beim Einschlafen
Spieluhr-Stern 44

Im Dutzend besser aufgeräumt
Buchhülle 46

Mama und ich backen und kochen 48
Eine saubere Sache
Servietten 50

Für angehende Köche und Köchinnen
Schürze für Kinder 52

Süßer Hingucker in der Küche
Spülmittel-Schürze 54

Jedem der Seine
Kochhandschuh 56

Ganz schön schick, junge Dame
Lätzchen für Mädchen 58

Ganz schön schick, junger Mann
Lätzchen mit Krawatte 60

Ein Küchenfreund für alle Tage
Hängende Bestecktasche 62

Material und Werkzeuge 64
Grundbegriffe des Nähens 65
Grundtechniken des Nähens 66
Besondere Nähtechniken 68
Vorlagen 70
Impressum 78

Mama und ich unterwegs

Unterwegs muss alles praktisch sein!
Hübsch darf man dabei aber trotzdem aussehen, zum Beispiel
mit dem Kopftuch für Groß und Klein. Mit allen anderen
praktischen Sachen sind Mama und Kind für spontane Ausflüge
gut gerüstet – fröhliche Zeiten stehen an!

Einfach goldig!

Kopftuch ♥ Größe: 120 x 32,5 cm klein; 169 x 39,5 cm groß ♥ Schwierigkeitsgrad: ✱

Egal, ob es noch kühl oder schon richtig heiß ist – ein Kopftuch ist die perfekte Kopfbedeckung! Es schützt die Ohren vor Wind und den Kopf vor Sonnenstich. Nichts wie raus an die frische Luft!

Material:
- Baumwollstoff für das Kinder-Kopftuch, 120 x 40 cm
- Baumwollstoff für das Erwachsenen-Kopftuch, 180 x 45 cm

Zuschnitt:
- Kinder-Kopftuch, 1 x im Bruch
- Erwachsenen-Kopftuch, 1 x im Bruch

Nähen:
Die Kopftücher nach den Maßen der Skizzen zuschneiden, dabei die untere Spitze leicht abrunden. Zuerst die lange gerade Kante schmal und 3 cm breit nach links umschlagen, bügeln und steppen. Dann die schrägen Kanten schmal und füßchenbreit umschlagen und ebenfalls steppen. Jetzt müssen Sie nur noch bügeln und schon sind Sie fertig! Kinder- und Erwachsenenkopftuch werden beide gleich genäht.

Tipp:
Nähen Sie entlang der schrägen Kanten Baumwollspitze oder Pomponborte von links an. Schön sieht auch von rechts aufgesetzte Zackenlitze aus. Nähen Sie doch gleich ein ganzes Set verschiedener Kopftücher.

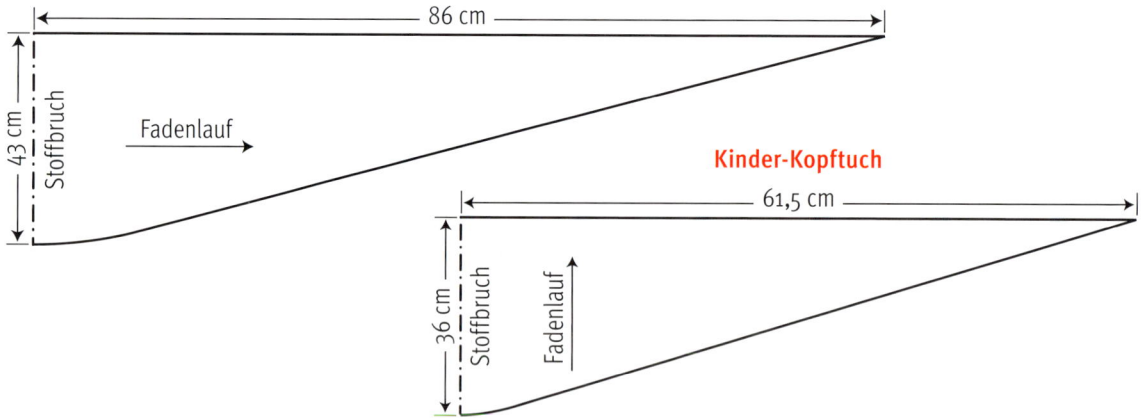

Alles im Griff

Kleine Wickeltasche ♥ Größe: ca. 18 x 27 cm ♥ Schwierigkeitsgrad: ✱✱

Nicht ewig kramen, sondern gleich finden, und zwar das Wichtigste: Windel und Feuchttuch, mit einem Griff! Weil die Wickeltasche schön klein ist, passt sie sogar in Muttis Handtasche.

Material:

- Außenstoff, 60 cm x 30 cm
- Futterstoff, 60 x 30 cm
- Außenstoff für den Griff, 40 x 10 cm
- Einlage, 60 x 45 cm

Zuschnitt:

- 1 x Außentasche laut Vorlage auf S. 70
- 1 x Futtertasche laut Vorlage
- Einlage für Außentasche laut Vorlage
- 1 x Griff aus Außenstoff, 36 x 5,8 cm
- Einlage für den Griff, 36 x 3 cm

Nähen:

Zuerst den Streifen für die Griffschlaufe der Länge nach rechts auf rechts legen, den Einlagestreifen darüber und die Längskante mit 0,5 cm Nahtzugabe zusammennähen. Den Streifen wenden und bügeln, zur Schlaufe doppelt legen und die offenen Kanten zusammen an der Außentasche fixieren, etwa 1 cm unterhalb der Eingrifföffnung. Die Einlage auf die linke Seite des Außenstoffs legen und ringsherum annähen. Taschenteil bis zur Klappenfalz rechts auf rechts umschlagen und die Seitenkanten knappkantig zusammennähen.

Die Futtertasche ebenso zusammennähen, allerdings mit einer etwa 10 cm großen Wendeöffnung in einer Seitennaht. Beide Taschen wenden und bügeln. Außen- und Futtertasche rechts auf rechts ineinander legen, sodass Klappen- und Eingriffkanten übereinstimmen und knappkantig zusammennähen. Durch die Wendeöffnung wenden und bügeln. Klappen- und Eingriffkanten füßchenbreit absteppen. Klappe schließen, den Klettverschluss positionieren und aufnähen. Fertig!

Ein Plätzchen für den Schnuller

Schnullertasche ♥ Größe: ca. 10 x 10 cm ♥ Schwierigkeitsgrad: ✱✱

Wer kennt das nicht? Man ist unterwegs und plötzlich hat sich der Schnuller in Luft aufgelöst! Nichts zu machen! Er ist nicht zu finden, egal, wie laut das Baby schreit. Im Schnullertäschchen ist er immer sicher verwahrt und die Kordel sorgt dafür, dass er nicht über Bord geht.

Material:

- Baumwollstoff, 30 x 20 cm
- Futterstoff, 30 x 20 cm
- Reißverschluss, 15 bis 20 cm lang
- Baumwollkordel, 40 cm
- Lochzange und Öse

Zuschnitt:

- 1 x Kreis für Rückenteil aus Baumwollstoff
- 1 x Kreis für Rückenteil aus Futterstoff
- 2 x rechteckige Vorderteile aus Baumwollstoff, 12,5 x 7 cm
- 2 x rechteckige Vorderteile aus Futterstoff, 12,5 x 7 cm

Nähen:

Den Rückseitenstoff und das Futter nach der Vorlage von Seite 70 zuschneiden. Für die Reißverschlussöffnung einen Baumwollstreifen und einen Futterstreifen mit der 12,5 cm langen Kante rechts auf rechts über und unter den Reißverschluss legen. Beim Zusammennähen das Reißverschlussband zwischenfassen. Stoffe zurückschlagen, bügeln und von rechts knappkantig absteppen. Die andere Reißverschlusskante ebenso zwischen Futter und Oberstoff nähen. Für die Rückseite Stoff- und Futterkreis links auf links legen und mit Zickzack-Stich rundherum zusammennähen. Rückenteil und Vorderteil entsprechend des Fadenlaufs rechts auf rechts aufeinander legen, feststecken und Vorderteil passend kreisförmig schneiden. Beide Teile mit 0,3 cm Nahtzugabe ringsum zusammennähen und die Naht versäubern. Tasche wenden und bügeln. Auf der Rückseite mit einer Lochzange eine Öse einschlagen. Beide Enden der Kordel durch die Öse nach innen ziehen und dort verknoten. Sie können die Kordelenden kurz über eine Flamme halten und versiegeln. Achtung: Das funktioniert nur bei einer Polyesterkordel.

Keine Eselsohren an der Passkontrolle

Reisepass-Etui ♥ Größe: ca. 13 x 9 cm ♥ Schwierigkeitsgrad: ✱

Reisepässe sehen einfach langweilig aus! Mit dem praktischen Etui hat man sie nicht nur gleich bei der Hand, sie bringen auch Farbe in die Reise – schon bevor der Urlaub losgeht!

Material:

- Baumwollstoff, 70 x 40 cm

Zuschnitt:

- 2 Teile, je 29 x 15 cm

Nähen:

Beide Stoffteile rechts auf rechts aufeinander legen und zusammennähen, dabei eine Wendeöffnung von 5 cm offen lassen. Wenden, bügeln und die Wendeöffnung unsichtbar von Hand schließen. Die doppelte Stofflage auf der langen Seite links und rechts je 4,5 cm breit zur Mitte hin einschlagen, bügeln und die eingeschlagenen Kanten oben und unten jeweils knappkantig feststeppen.

Träum süß, mein Liebling

Nackenhörnchen ♥ Größe: ca. 30 x 25 cm ♥ Schwierigkeitsgrad: ✳

Wohin wir auch unterwegs sind, ob im Auto oder Zug: Lass den Kopf ins Nackenhörnchen sinken und schließ die Augen! Selbst wenn Mama die Kurve mal temperamentvoller nimmt, ruht das Köpfchen ganz sicher!

Material:
- Baumwollstoff, 40 x 30 cm
- Polyester-Füllwatte

Zuschnitt:
- 2 x laut Vorlage

Nähen:
Vorlage von Seite 70 auf den Stoff übertragen und zuschneiden. Beide Teile rechts auf rechts zusammennähen und dabei eine 5 cm breite Öffnung zum Wenden berücksichtigen. Wenden und bügeln Sie das Hörnchen, dann mit Polyesterwatte füllen und die Öffnung im Blindstich von Hand zunähen.

Alle Unterlagen dabei

U-Heft-Etui ♥ Größe: ca. 16 x 22 cm ♥ Schwierigkeitsgrad: ✱✱

Das Heft für die Vorsorge-Untersuchungen braucht man immer mal wieder. Mit dem bunten Etui sind ab sofort fröhliche Farben angesagt, auch für die U!

Material:

- Außenstoff, 50 x 30 cm
- Futterstoff, 50 x 30 cm
- Einlage, 50 x 30 cm
- Klettverschluss, weiß, 10 x 2 cm

Zuschnitt

- 1 x Taschenteil mit Klappe laut Vorlage auf S. 72
- 1 x Taschenteil vorne
- 1 x Futtertasche mit Klappe
- 1 x Futtertasche vorne
- Einlage, 47 x 25 cm (Klappenteil und Vorderteil durchgehend)
- Klettverschluss, 7 x 2 cm

Nähen:

Die beiden Teile für die Außentasche an der 25 cm langen Kante rechts auf rechts zusammennähen und die Naht bügeln. Auf die linke Stoffseite des Außenteils die Einlage legen und rundherum festnähen. Das verstärkte Taschenteil rechts auf rechts umschlagen und die beiden Seitennähte knappkantig feststeppen. Die Futtertasche ebenso nähen, allerdings ohne Einlage und mit einer etwa 10 cm großen Wendeöffnung in der Seitennaht.

Beide Taschen ineinander stecken, sodass sie rechts auf rechts an Klappe und Eingriffkante passgenau aufeinander liegen und dort zusammennähen. Tasche wenden und bügeln, Wendeöffnung innen schließen. Klappen- und Eingriffkante füßchenbreit absteppen. Den Klettverschluss passend auf der Klappe und dem Taschenteil positionieren und annähen. Noch einmal bügeln, die Klappe schließen und fertig!

Mama und ich zu Hause

Kuscheln, krabbeln und schmusen –
nichts geht über ein gemütliches und fröhliches Zuhause!
Aber die Kleinsten sollen es auch sicher und warm haben.
Also gleich losnähen!

Frische Decke für erste Expeditionen

Krabbeldecke ♥ Größe: ca. 100 x 135 cm ♥ Schwierigkeitsgrad: ✶ ✶ ✶

Die ersten Zentimeter sind immer die schwersten. Damit sich Ihr Baby dabei nicht verkühlt, sorgt die Krabbeldecke für einen warmen Untergrund. Auswärts riecht sie herrlich nach zu Hause.

Material:

- Baumwollstoff rosa, 140 x 140 cm
- Baumwollstoff weiß getupft, 120 x 80 cm
- Baumwollstoff mit Pilzmuster, 140 x 70 cm
- Punktestoff rosa, 30 x 30 cm
- Punktestoff rot, 40 x 40 cm
- Volumenvlies, 140 x 110 cm, 5 cm dick

Zuschnitt:

- 1 x Rückseite, 137 x 102 cm rosa gemusterter Stoff
- 1 x Vorderseite Mitte, 111 x 76 cm, weißer Tupenstoff
- 2 x langer Rand, 139 x 15 cm, Pilzmuster
- 2 x kurzer Rand, 104 x 15 cm, Pilzmuster
  Die Randstreifen werden diagonal aneinander genäht. Bitte schrägen sie die Enden entsprechend an.
- 1 x oberer Teil Erdbeere laut Vorlage auf S. 72, rosa Punktestoff
- 1 x unterer Teil Erdbeere laut Vorlage auf S. 72, roter Punktestoff

Nähen:

Die Randstücke der Vorderseite an den schrägen Kanten mit 1 cm Nahtzugabe zu einem Rahmen zusammennähen. Dabei an der Innenseite die Naht jeweils etwa 1,5 cm offen lassen. Die Innenkanten der Randstreifen 1 cm breit nach links einschlagen und bügeln. Den fertigen Rand auf das mittlere Stoffstück legen, feststecken und knappkantig aufsteppen. Nun die Erdbeere mittig positionieren und mit dichten Zickzack-Stichen festnähen. Nähen Sie zunächst den unteren Teil der Erdbeere, dann den Blatt- und Stielteil darüber fest.

Die fertige Vorderseite auf das Volumenvlies legen, glätten und mit Stecknadeln feststecken. Steppen Sie nun knappkantig entlang des angesetzten Rahmens, um die beiden Lagen zu fixieren. Vorder- und Rückseite rechts auf rechts aufeinander legen, glatt streichen, feststecken und mit 0,5 cm Nahtzugabe zusammennähen. Dabei eine 10 cm breite Wendeöffnung offen lassen Die Krabbeldecke wenden, die Wendeöffnung schließen und die Decke entlang der Außenkante von rechts knappkantig absteppen. Bitte nicht mehr bügeln, das Volumenvlies verliert sonst sein Volumen.

Schnuffel, schnuffel...

Schnuller- und Schmusetuch ♥ Größe: ca. 25 x 25 cm ♥ Schwierigkeitsgrad: *

Prinzen und Prinzessinnen brauchen ein besonderes Schmusetuch. Saugen und schmusen, und wenn es nötig ist, kommt es gleich in die Waschmaschine. Am besten näht man gleich zwei.

Material:

- Baumwollstoff rot-weiß, 40 x 40 cm
- Baumwollstoff rosa, 50 x 40 cm
- Stoff für Kronenmotiv
- Zackenlitze, 120 cm
- doppelseitiges Bügelvlies, 10 x 10 cm
- Schnuller mit Griff

Zuschnitt:

- Baumwollstoff rot-weiß, 26,5 x 26,5 cm
- Baumwollstoff rosa, 26,5 x 26,5 cm
- Schlaufe, 28 x 3,5 cm
- Krone laut Vorlage auf S. 72
- Zackenlitze, 120 cm

Das Bügelvlies mit dem Schutzpapier nach oben über die Kronen-Vorlage legen und die Krone mit Bleistift auf das Schutzpapier übertragen. Bügelvlies laut Herstellerangaben auf die linke Seite des Applikationsstoffs bügeln, abkühlen lassen und die Krone ausschneiden.

Nähen:

Die Krone diagonal laut Abbildung etwa 10 cm vom Rand entfernt auf dem Untergrundstoff positionieren und mit dichtem Zickzack-Stich aufnähen. Den Stoff für die Schlaufe längs zur Hälfte falten und zusammennähen, anschließend wenden und bügeln.

Die Schlaufe auf der rechten Seite des Untergrundstoffes annähen und zwar an die der Krone gegenüber liegende Ecke, danach die Zackenlitze ringsum aufnähen. Rot-weiß gemustertes und rosafarbenes Stoffteil rechts auf rechts legen und zusammennähen. Bitte lassen Sie eine 5 cm große Öffnung zum Wenden. Das Teil wenden und die Öffnung von Hand zunähen, anschließend bügeln und den Schnuller befestigen.

Hübsch getarnt, aber schön praktisch

Tücherbox ♥ Größe: 25 x 15 x 7 cm ♥ Schwierigkeitsgrad: ✻✻

Tränende Äuglein, laufende Näschen – nicht nur im Winter braucht man schnell ein Taschentuch zur Hand. In dieser Box sind sie immer griffbereit, aber dekorativ getarnt!

Material:

- Baumwollstoff für Rand, 80 x 20 cm
- Einlage für Rand, 80 x 10 cm
- Oberstoff, 30 x 20 cm
- Futterstoff, 30 x 20 cm
- Einlage 30 x 20 cm

Zuschnitt:

- Rand, 78,5 x 16 cm
- Einlage, 78,5 x 8 cm
- Oberstoff, 25,5 x 16 cm
- Futterstoff, 25,5 x 16 cm
- Einlage, 25,5 x 16 cm

Nähen:

Die Verstärkung auf die linke Seite des langen Randstreifens legen und rundherum schmal aufnähen. Dann die beide kurzen Stoffkanten rechts auf rechts aufeinander legen und mit 0,4 cm Nahtzugabe zusammennähen. Die Naht auseinander bügeln, das Teil wenden und links auf links zur Hälfte legen. Die Bruchkante schmal absteppen und die beiden offenen Kanten am Rand mit Zickzack-Stichen zusammen versäubern.

Für die Deckseite Einlage von links auf den Oberstoff legen und ringsherum annähen. Ober- und Futterstoff rechts auf rechts legen und die Tücheröffnung mittig markieren. Entlang der Markierung mit etwa 3 mm Nahtzugabe nähen, dann aufschneiden und die Stoffe durch die Öffnung wenden, bügeln und die Öffnung von rechts knappkantig absteppen. Die beiden Stofflagen am Außenrand mit Zickzack-Stich zusammennähen. Deckseite und äußeren Ring rechts auf rechts aneinander nähen, dabei an einer Ecke beginnen. Bügeln Sie den Bezug und stülpen Sie ihn über die Tücherbox. Fertig!

Security für zu Hause

Türstopper ♥ Größe: 25 x 10 cm ♥ Schwierigkeitsgrad: ✳

Nie wieder eingeklemmte Fingerchen! Der Türstopper wird an der Klinke befestigt und sorgt dafür, dass die Tür rechtzeitig gebremst wird, bevor es knallt. Uff, durchatmen!

Material:
- Baumwollstoff, 60 x 40 cm
- Baumwollkordel, weiß, 60 cm lang
- Baumwollspitze, 90 cm
- Polyester-Füllwatte

Zuschnitt:
- Baumwollstoff, 2x je 27 x 12 cm

Nähen:
Zunächst auf die rechte Seite eines der Stoffstücke die Baumwollspitze rundherum so annähen, dass die Bogenkante in den Stoff zeigt und die gerade Kante der Spitze parallel zur Stoffkante liegt. Anschließend an den kurzen Seiten die Kordel festnähen: Auf der einen Seite eine Schlaufe von 14 cm und auf der anderen zwei 19 cm lange Stücke annähen, die beide in Richtung Stoffmitte liegen. Dann die beide Stoffteile rechts auf rechts feststecken und zusammennähen. Lassen Sie eine Öffnung von 5 cm zum Wenden offen. Nach dem Wenden den Türstopper mit Polyesterwatte füllen und die Öffnung von Hand zunähen. Das Ende der Kordel kurz über eine Flamme halten und verschmelzen, damit die Kordel nicht aufgeht. Achtung: Das funktioniert nur bei Polyesterkordel!

Tipp:
Nehmen Sie statt der Baumwollspitze zum Beispiel Zackenlitze oder Pomponborte zur Verzierung, oder sticken Sie einen Namen auf den Türstopper. Sie können auch unterschiedliche Stoffe auf beiden Seiten verarbeiten.

Herzenswärme

Kirschkernkissen ♥ Größe: ca. 25 x 27 cm, bzw. 17,5 x 16,5 cm ♥ Schwierigkeitsgrad: ✱✱

Nicht nur kleine Mäuse haben abends manchmal kalte Füße. Nähen Sie gleich mehrere Herzkissen in verschiedenen Größen. Mit dem abnehmbaren Bezug sind sie mühelos zu waschen!

Material:

Für das große Kissen:
- Baumwollstoff, 70 x 30 cm
- Stoff für Inlett, 60 x 30 cm
- 400 Gramm Kirschkerne

Für das kleine Kissen:
- Baumwollstoff, 60 x 30 cm
- Stoff für Inlett, 40 x 20 cm
- 150 Gramm Kirschkerne

Zuschnitt:

für beide Größen entsprechend der Vorlagen auf S. 70–73

Für die Hülle:
- 1 x Vorderseite
- 1 x obere Rückseite
- 1 x untere Rückseite

Für das Inlett:
- Vorderseite 2 x aus Futterstoff

Nähen:

Zunächst das Inlett nähen. Zwei Herzen nach der Vorlage der Vorderseite ausschneiden und rechts auf rechts zusammennähen, dabei eine Wendeöffnung frei lassen. Wenden, bügeln, mit Kirschkernen befüllen und die Wendeöffnung schließen.

Der Bezug besteht aus drei Teilen, einem Vorder- und zwei Rückseitenteilen. Alle Teile nach Vorlage ausschneiden. Die beiden Teile der Rückseite jeweils an der geraden Kante säumen und knappkantig feststeppen. Das obere und untere Rückseitenteil an den gesäumten Kanten so weit übereinander legen, dass es der Größe des Vorderteils entspricht. Die übereinander liegenden Kanten links und rechts mit einigen Stichen aufeinander nähen, sodass eine Füllöffnung in der Mitte bleibt. Jetzt die Rückseite mit 0,4 cm Nahtzugabe rechts auf rechts mit dem Vorderteil zusammennähen. Die Außenkanten mit Zickzack-Stich versäubern. Den Bezug wenden, bügeln und mit dem Kirschkern-Inlett befüllen.

Zuckerstückchen zum Kuscheln

Rundes Pomponkissen ♥ Größe: ca. 40 cm Durchmesser ♥ Schwierigkeitsgrad: ✻ ✻

Herrlich altmodisch und gleichzeitig ganz modern veredeln diese Kissen nicht nur das Schlafgemach der Eltern, sondern laden zum Kuscheln und Spielen ein!

Material:

- Baumwollstoff, 100 x 50 cm
- Pomponborte, 140 cm
- Reißverschluss, 40 cm lang
- Kisseninlett, 40 cm Durchmesser

Zuschnitt:

- 1 x Vorderteil Kreis laut Vorlage auf S. 73
- Rückseite in zwei Teilen entsprechend der Schnittlinie im Vorderteil zuschneiden. Dabei an den geraden Kanten jeweils 2 cm Nahtzugabe anfügen.

Nähen:

Die Pomponborte ganz an den Rand des Vorderteils legen, sodass die Pompons in den Kreis liegen und rechts auf rechts mit Zickzack-Stich annähen. Anschließend die Borte noch mal absteppen. Die langen Kanten der Rückseitenteile versäubern, rechts auf rechts aufeinander stecken und an den Seiten jeweils 3,5 cm weit mit 2 cm Nahtzugabe aufeinander nähen. Dazwischen bleibt eine 35 cm große Nahtöffnung für den Reißverschluss. Die Nahtzugaben auseinander bügeln, an der Reißverschlussöffnung die Stoffkanten 2 cm breit nach links umbügeln. Den Reißverschluss unter die Öffnung heften, sodass die umgebügelten Kanten über den Zähnchen aneinanderstoßen. Dann mit dem Reißverschlussfuß den Reißverschluss rundum füßchenbreit feststeppen. Reißverschluss öffnen, das fertige Rückseitenteil rechts auf rechts auf das Vorderteil legen und zusammennähen. Orientieren Sie sich beim Zusammennähen an dem Bortenrand des Vorderteiles. Den überstehenden Stoff abschneiden und die Kanten mit Zickzack-Stich versäubern. Das Kissen nur von innen bügeln, wenden und mit dem Inlett befüllen.

Mama und ich spielen

*Spielerisch die Welt entdecken – was gibt es Schöneres!
Aber wohin bloß mit dem ganzen Krimskrams,
besonders, wenn man ihn später wieder finden will?
Die Stoffkörbe schaffen Ordnung, und Geheimnisse
versteckt man am besten im Utensilo!*

Ein Zuhause für den Teddy

Kissen mit Tasche für Teddy ♥ Größe: 40 x 40 cm ♥ Schwierigkeitsgrad: ✳✳

Wie süß: Morgens nach dem Aufwachen krabbelt der Teddy in den Stern auf dem Kopfkissen. Und abends klettert er hinaus, um über den Schlaf Ihres Lieblings zu wachen und das Kissen frei zu machen für das kleine Köpfchen.

Material:

- Baumwollstoff, 50 x 90 cm
- Baumwollstoff für den Stern, 81 x 70 cm
- Reißverschluss, ca. 35 cm lang
- Kisseninlett, 40 x 40 cm

Zuschnitt:

- 1 x Rechteck, 42 x 84 cm
- 2 x Stern nach Vorlage auf S. 74/75

Nähen:

Den Stern nach der Vorlage auf den Stoff übertragen, zweimal ausschneiden und beide Teile rechts auf rechts zusammennähen, dabei die Wendeöffnung nicht vergessen. Die Nahtzugaben in den Ecken bis knapp vor der Naht einschneiden und den Stern wenden. Wendeöffnung schließen und bügeln. Den Stoff für das Kissen in der Mitte falten, um den Stern mittig rechts auf rechts zu positionieren und ihn mit Stecknadeln auf einer Stofflage fixieren. Nähen Sie nur den unteren Teil des Sterns an die Kissenhälfte, damit eine Tasche entsteht. Der obere Teil des Sterns, der zur Bruchkante des Kissens zeigt, bleibt lose. Die kurzen Kanten des Kissens versäubern, rechts auf rechts aufeinanderstecken und an beiden Seiten jeweils 3,5 cm weit mit 2 cm Nahtzugabe aufeinander nähen. Dazwischen bleibt eine 35 cm große Öffnung für den Reißverschluss. Die Nahtzugaben auseinanderbügeln und an der Reißverschlussöffnung die Stoffkanten 2 cm breit nach links umbügeln. Den Reißverschluss unter die Öffnung heften, sodass die umgebügelten Kanten über den Zähnchen aneinanderstoßen. Dann mit dem Reißverschlussfuß rundum füßchenbreit festnähen. Den Reißverschluss öffnen. Den entstandenen Schlauch rechts auf rechts flach hinlegen, sodass die Reißverschlussöffnung 2 cm entfernt parallel zur unteren Bruchkante liegt. Die Seitennähte mit 1 cm breiter Nahtzugabe schließen und versäubern. Das Kissen durch die Reißverschlussöffnung wenden, bügeln und mit dem Inlett befüllen. Jetzt kann auch der Teddy einziehen.

Die Welt mit allen Sinnen entdecken

Rasselwürfel ♥ Größe: ca. 10 x 10 cm ♥ Schwierigkeitsgrad: ✱✱

Was ist schöner als ein griffiger Würfel, der auch noch tolle Geräusche macht? Man kann ihn schütteln oder werfen, und es geht auch garantiert nichts dabei kaputt!

Material:

- 8 verschiedene Baumwollstoffe, je 12 x 12 cm
- Polyester-Füllwatte
- 2 x doppelseitiges Bügelvlies, je 10 x 10 cm
- Rasselscheibe

Zuschnitt:

- 6 Stoffstücke, je 11, 5 x 11,5 cm
- 2 x doppelseitiges Bügelvlies, je 6 x 6 cm
- 2 x Stern nach Vorlage auf S. 75

Bügelvlies mit dem Schutzpapier nach oben über die Stern-Vorlage legen und den Stern mit Bleistift auf das Schutzpapier übertragen. Bügelvlies laut Herstellerangaben auf die linke Seite des Stoffquadrats bügeln, abkühlen lassen und den Stern ausschneiden.

Nähen:

Die beiden vorbereiteten Sterne mittig auf zwei der quadratischen Stoffstücke positionieren und mit dichtem Zickzack-Stich aufnähen. Nun vier Seitenteile rechts auf rechts zusammennähen, jeweils abwechselnd ein einfaches Stoffstück und ein Stoffquadrat mit Applikation. Anschließend die vier Quadrate zum Ring schließen. Zum Schluss die beiden letzten Quadrate (Ober- und Unterseite) annähen und eine so große Öffnung zum Wenden lassen, dass die Rasselscheibe dort hinein passt. Den Würfel wenden und mit Polyesterwatte füllen. In die Mitte der Füllung die Rasselscheibe platzieren. Die Wendeöffnung von Hand schließen. Viel Spaß beim Spielen!

Alles drin

Stoffkörbe ♥ Größe: ca. 10 x 16 cm bzw. 11 x 20 cm ♥ Schwierigkeitsgrad: ✱✱

Überall Spielzeug und Krimskrams! Wohin bloß mit den Murmeln? Stoffkörbe schaffen Abhilfe: Da räumt sogar der Dreikäsehoch gerne mit auf!

Material:

Für beide Korbgrößen gleich
- Außenstoff, 60 x 30 cm
- Innenstoff, 60 x 30 cm
- Einlage, 60 x 30 cm
- Weiße Baumwollspitze, 40 cm

Zuschnitt:

Großer Korb:
- Außenstoff, 39,5 x 26,5 cm
- Innenstoff, 39,5 x 26,5 cm
- Bodenkreis außen nach Vorlage auf S. 74
- Bodenkreis innen nach Vorlage
- Bodenkreis Einlage nach Vorlage
- Einlage, 39,5 x 26,5 cm
- Weiße Baumwollspitze, 40 cm

Kleiner Korb:
- Außenstoff, 35 x 22 cm
- Innenstoff, 35 x 22 cm
- Bodenkreis außen nach Vorlage auf S. 74
- Bodenkreis innen nach Vorlage
- Bodenkreis Einlage nach Vorlage
- Einlage, 35 x 22 cm
- Weiße Baumwollspitze, 35 cm

Nähen:

Jeweils auf den Außenstoff und den Bodenkreis von links Einlage legen und ringsum festnähen. Außenstoff an den kurzen Kanten rechts auf rechts zusammennähen. Dann den Bodenkreis rechts auf rechts mit 0,4 cm Nahtzugabe annähen. Den Innenstoff an der kurzen Kante rechts auf rechts zusammennähen, dabei eine 6 cm große Wendeöffnung aussparen.
Den Futterstoff rechts auf rechts an die Oberkante nähen. Den Bodenkreis des Futters mit 0,4 cm Nahtzugabe rechts auf rechts an das Futter nähen. Wenden und Öffnung schließen. Die Baumwollspitze mit den Zacken nach oben von außen knappkantig an die Oberkante des Außenkorbs nähen und den Rand etwa 7 cm breit nach außen umschlagen.

Alles in Ordnung

Utensilo ♥ Größe: ca. 83 x 40 cm ♥ Schwierigkeitsgrad: ✱ ✱ ✱

Was gibt es Praktischeres als all die kleinen Taschen, in denen wichtige Dinge verstaut werden können! Egal, wo Ordnung Not tut – das Utensilo ist für jedes Chaos bestens gerüstet!

Material:

- Baumwollstoff, 160 x 50 cm
- Baumwollstoff für obere Taschen, 50 x 40 cm
- Baumwollstoff für mittlere Taschen, 60 x 60 cm
- Baumwollstoff für untere Taschen, 50 x 40 cm
- Einlage, 80 x 50 cm
- Baumwollspitze, 180 cm

Zuschnitt:

- Je 1 x Vorder- und Rückenteil, jeweils 73 x 40 cm
- 3 x Hängeschlaufen, 20 x 8 cm
- 1 x Einlage, 73 x 40 cm
- 3 x Einlage für die Hängeschlaufen, 20 x 3 cm
- Baumwollstoff für obere Taschen, 48 x 19 cm
- Baumwollstoff für mittlere Taschen, 54 x 26 cm
- Baumwollstoff für untere Taschen, 48 x 19 cm
- 2 x Baumwollspitze, 48 cm
- 1 x Baumwollspitze, 54 cm

Nähen:

Zuerst die Hängeschlaufen jeweils der Länge nach rechts auf rechts doppelt legen und die entsprechenden Einlagestreifen darauf. Dann die Längskanten mit 0,4 cm Nahtzugabe zusammennähen, wenden und bei niedriger Temperatur kurz bügeln. Die Streifen zu Schlaufen doppelt legen und an der Oberkante des Utensilos folgendermaßen fixieren: rechts und links jeweils mit einem Abstand von 0,5 cm zum äußeren Rand und das dritte Schlaufenband in der Mitte dazwischen. Der Bruch liegt dabei im Utensilo und die doppelten Kanten auf der Außenkante des Vorderteils.

Die Einlage auf der linken Seite des Vorderteils fixieren und Vorder- und Rückenteil rechts auf rechts mit 5 cm Wendeöffnung zusammennähen. Die Schlaufen dabei mitfassen. Das Teil wenden, bügeln und die Öffnung von Hand schließen. Alle Kanten von rechts ringsum 0,5 cm breit absteppen.

Die Taschenteile jeweils der Länge nach in den Bruch legen, die drei offenen Kanten rechts auf rechts aufeinandernähen und eine 5 cm große Wendeöffnung aussparen. Die Taschenteile wenden, bügeln und an die lange Nahtkante die Baumwollspitze knappkantig von hinten annähen.

Die Taschenteile mit der Spitze nach oben und jeweils 2,5 cm Abstand zueinander auf dem Vorderteil positionieren und feststecken. Die Seitenkanten der Taschen knappkantig auf das Vorderteil steppen. Das obere und das untere Taschenteil jeweils in der Mitte feststecken und aufnähen. Das mittlere Taschenteil in drei gleich große Abschnitte einteilen, feststecken und mit zwei Nähten aufsteppen. Die Taschenteile jeweils zu den Seiten hin gleichmäßig in Falten legen, bügeln, feststecken und die Unterkante knappkantig aufsteppen.

Sternenstunde beim Einschlafen

Spieluhr-Stern ♥ Größe: ca. 27 x 27 cm ♥ Schwierigkeitsgrad: ✱ ✱

„Weißt du wie viel Sternlein stehen an dem weiten Himmelszelt" – Diese Spieluhr beruhigt kleine Leute, wiegt sie sanft in den Schlaf und schickt die Fantasie auf himmlische Reisen.

Material:

- Baumwollstoff, 60 x 30 cm
- Satinband, 6 mm breit, 30 cm
- Elastisches Rüschenband, 130 cm
- Polyester-Füllwatte
- Spielwerk

Zuschnitt:

- 2 x Stern laut Vorlage auf S. 75

Nähen:

Das Rüschenband rechts auf rechts mit 0,3 cm Abstand auf die Kontur eines Sternteils nähen. Satinband in der Mitte falten und die beiden Enden auf die obere Spitze nähen, sodass die Schlaufe nach innen liegt. Beide Sternteile nun rechts auf rechts aufeinander legen und mit 0,4 cm Nahtzugabe zusammennähen. Dabei eine so große Wendeöffnung in der unteren Mitte aussparen, dass noch das Spielwerk hinein passt und die Zugschnur später dort heraus hängen kann. Vor dem Wenden die Nahtzugaben an den Ecken bis knapp an die Naht einschneiden. Den Stern wenden und mit Polyesterwatte füllen. Legen Sie das Spielwerk ein und schließen Sie die Öffnung so weit von Hand, dass sich die Zugschnur problemlos bedienen lässt. Ihr Liebling wird sich freuen!

Im Dutzend besser aufgeräumt

Buchhülle ♥ Größe: 12 x 12 cm ♥ Schwierigkeitsgrad: ✱✱

Nie wieder Bilderbücher suchen! In diesen Täschchen sind sie schnell zur Hand und immer am Platz! Da wissen auch die Kleinsten gleich, wo welches Buch einsortiert ist!

Material:

- Außenstoff, 30 x 20 cm
- Futterstoff, 30 x 20 cm
- Innenlasche gestreift, 20 x 20 cm
- Innenlasche geblümt, 20 x 20 cm
- Knopflasche, 20 x 10 cm
- Knopf

Zuschnitt:

- 1 x Außenteil, 26 x 14 cm
- 2 x Innenlaschen, je 16 x 14 cm
- 1 x Futterstoff, 26 x 14 cm
- 1 x Knopflasche, 17 x 6 cm

Nähen:

Die beiden inneren Laschen auf 8 x 14 cm doppelt legen und bügeln. Beide mit der Bruchkante innen liegend rechts auf rechts an die Seitenkanten des Futterteils legen und am Rand festnähen. Den Streifen für die Knopflasche an den Längskanten schmal einschlagen und zur Hälfte legen, bügeln und mit Zierstichen zusammennähen. Den fertigen Streifen zur Lasche legen, in der Mitte der Seitenkante positionieren und festnähen. Außenstoff und Futterstoff rechts auf rechts aufeinander legen und ringsherum mit 0,4 cm Nahtzugabe zusammennähen. Dabei in der Mitte einer langen Kante eine 5 cm große Wendeöffnung aussparen. Wenden, bügeln und die Öffnung von Hand zunähen. Entsprechend der Knopflasche auf der gegenüberliegenden Seite den Knopf anbringen: Fertig!

Mama und ich backen und kochen

Nichts geht über einen selbst gebackenen Kuchen!
Wenn kleine Köche und Bäckerinnen
loslegen, sind Überraschungen garantiert!

Eine saubere Sache

Servietten ♥ Größe: ca. Kinder 22 x 22 cm, Erwachsene 40 x 40 cm ♥ Schwierigkeitsgrad: ✱

Sind wir mal ehrlich: Auch wir Großen kleckern hin und wieder! Deshalb gibt es die fröhlichen Servietten nicht nur für unseren Nachwuchs, sondern auch für uns!

Material:

für jeweils 4 Servietten
- Baumwollstoff für Erwachsene, 170 x 50 cm
- Baumwollstoff für Kinder, 94 x 30 cm
- Baumwollspitze, ca. 10,5 m insgesamt

Zuschnitt:

- Für Erwachsene, 4 x je 41 x 41cm
- Für Kinder, 4 x je 23 x 23 cm

Nähen:

Die Stoffquadrate werden ringsum schmal gesäumt und festgesteppt. Anschließend wird jede Serviette mit Baumwollspitze umrandet. Guten Appetit!

Für angehende Köche und Köchinnen

Schürze für Kinder ♥ Größe: ca. 50 x 64 cm ♥ Schwierigkeitsgrad: ✳ ✳

Jeder Chefkoch hat mal klein angefangen. Mit der passenden Schürze machen die ersten Experimente am Herd noch mal so viel Spaß. Und die Wäsche danach hält sich in Grenzen.

Material:

- Bauwollstoff für Schürze, 70 x 50 cm
- Baumwollstoff für Tasche, 30 x 20 cm
- Schrägband, 5 m

Zuschnitt:

- 1 x Schürzenteil laut Vorlage auf S. 74/75
- 1 x Tasche laut Vorlage auf S. 74

Nähen:

Die Tasche an der geraden Kante säumen und absteppen. Die Taschenrundung mit Schrägband einfassen, laut Vorlage auf der Schürze platzieren und annähen. Die untere Rundung und die Halskante der Schürze mit Schrägband einfassen und absteppen. Die Schnürbänder am Hals, die seitlichen Schürzenkanten, sowie die Taillenbänder werden auf jeder Seite in einem Arbeitsgang mit Schrägband genäht. Dabei sollten die Bindebänder sowohl am Hals, als auch in der Taille auf jeder Seite etwa 35 cm lang sein.

Süßer Hingucker in der Küche

Spülmittel-Schürze ♥ Größe: ca. 14 x 12 cm ♥ Schwierigkeitsgrad: ✱✱

Es gibt Dinge, die braucht man nicht wirklich. Hat man sie aber einmal, mag man nicht mehr ohne sein! Die Schürze sieht nicht nur klasse aus – sie verhindert auch Geschmiere auf der Flasche und sorgt dafür, dass diese immer gut in der Hand liegt. Weshalb also darauf verzichten?

Material:

- Baumwollstoff, 20 x 20 cm
- Schrägband, 115 cm
- Zackenlitze, 15 cm

Zuschnitt:

- 1 x Schürzenteil laut Vorlage auf S. 76

Nähen:

Die Litze laut Vorlage auf der Schürze positionieren und von rechts aufnähen. Die Ausschnittkante und den unteren Bogen mit Schrägband einfassen. Das Schrägband für den Hals zur Schlaufe legen, mit Stecknadeln am Ausschnitt fixieren und Schnürbänder und Halsschlaufe in einem Stück annähen. Jetzt nur noch bügeln und umbinden!

Jedem der Seine

Kochhandschuh ♥ Größe: ca. 38 x 18 cm, bzw. 32 x 15,5 cm ♥ Schwierigkeitsgrad: ✽

Kochhandschuh, Backhandschuh oder Grillhandschuh? Jedem der Seine! Und weil sich keiner die Finger verbrennen möchte, gibt es den fröhlichen Handschuh in zwei Größen.

Material:

Für 1 großen Kochhandschuh:
- Baumwollstoff, 160 x 30 cm
- Volumenvlies (hitzetauglich), 80 x 30 cm
- Schrägband, 60 cm

Für 1 kleinen Kochhandschuh:
- Baumwollstoff, 120 x 20 cm
- Volumenvlies (hitzetauglich), 60 x 20 cm
- Schrägband, 50 cm

Zuschnitt:

Kochhandschuh groß:
- 4 x Handschuh aus Baumwollstoff laut Vorlage auf S. 76/77
- 2 x Handschuh aus Volumenvlies
- 1 x Schrägband für Schlaufe, 10 cm
- 1 x Schrägband für Eingriff-Öffnung, 42 cm

Kochhandschuh klein:
- 4 x Handschuh aus Baumwollstoff laut Vorlage auf S. 76/77
- 2 x Handschuh aus Volumenvlies
- 1 x Schrägband für Schlaufe, 8 cm
- 1 x Schrägband für Eingriff-Öffnung, 33 cm

Nähen:

Zwei Handschuhteile an den Rundungen rechts auf rechts aufeinander nähen. Die Eingriffkante bleibt offen. Auf die übrigen zwei Handschuhteile von links Volumenvlies legen und rundherum festnähen. Dann die beiden verstärkten Teile ebenfalls an den Rundungen rechts auf rechts zusammennähen. Außen- und verstärkten Innenhandschuh links auf links ineinander stecken, sodass die Eingriffkanten übereinstimmen. Eingriffkanten knappkantig aufeinandernähen. Schrägbandschlaufe der Länge nach zur Hälfte legen, steppen und am Handschuh platzieren. Eingriffkante mit Schrägband einfassen, dabei die Schlaufe mitfassen.

Ganz schön schick, junge Dame

Lätzchen für Mädchen ♥ Größe: ca. 34 x 35 cm ♥ Schwierigkeitsgrad: ✳ ✳

Junge Damen freuen sich immer über das Besondere. Bei der Auswahl des Lätzchens ist das nicht anders. Mit diesem Modell ist die junge Dame zu allen Mahlzeiten passend ausstaffiert.

Material:
- Baumwollstoff rosa gemustert, 40 x 35 cm
- Futterstoff, weiß, 40 x 35 cm
- Spitzenkante 135 cm
- vorgefalztes Schrägband, rosa, gefalzt ca. 20 mm breit, 65 cm lang

Zuschnitt:
- Je 1 x Lätzchen laut Schnitt auf S. 76/77 im Bruch aus Baumwoll- und Futterstoff

Nähen:

Die Spitzenkante rechts auf rechts an die Außenkanten des Baumwollstoffteils nähen, dabei liegt die Bogenkante nach innen. Das fertige Lätzchenteil rechts auf rechts mit dem Futterteil zusammennähen, nur der Halsausschnitt bleibt offen. Die Nahtzugaben in den Ecken bis knapp zur Naht einschneiden, Lätzchen wenden und bügeln. Lätzchen von rechts ringsherum schmal absteppen. Schrägband der Länge nach doppelt legen und bügeln. Die Mitte des Schrägbandes mit einer Stecknadel markieren und mittig an den Halsausschnitt stecken. Schieben Sie das Lätzchen bis zum Bruch in das Schrägband und heften Sie es fest. Die markierte Mitte des Schrägbandes trifft dabei auf die Mitte des Halsausschnittes. Das Schrägband über die gesamte Länge schmal absteppen.

Ganz schön schick, junger Mann

Lätzchen mit Krawatte ♥ Größe: ca. 28 x 32 cm ♥ Schwierigkeitsgrad: ✷ ✷

Weil jeder Tag ein Festtag ist, hat „tante ema" das Lätzchen mit Krawatte erfunden. Aber keine Sorge: die Krawatte schwimmt nicht in der Suppe. Sie ist nämlich auf dem Lätzchen festgenäht!

Material:

- Baumwollstoff mit Traktormuster, 40 x 35 cm
- Baumwollstoff mit Tupfen, 7 x 5 cm
- Futterstoff in Weiß, 40 x 35 cm
- vorgefalztes Schrägband, rot, gefalzt ca. 20 mm breit, 65 cm lang

Zuschnitt:

- 1 x Lätzchen im Bruch aus Traktorstoff laut Vorlage auf S. 76/77
- 1 x Lätzchen im Bruch aus Futterstoff
- 2 x Krawatte aus Tupfenstoff

Nähen:

Die Krawattenteile rechts auf rechts aufeinander nähen, an der Oberkante eine Wendeöffnung lassen, wenden und bügeln. Die fertige Krawatte laut Vorlage auf dem Traktorstoff platzieren und ringsum feststeppen. Traktor- und Futterstoff rechts auf rechts aufeinander stecken und an der Außenkante füßchenbreit zusammennähen, dabei den Halsausschnitt offen lassen. Die Nahtzugaben an den Rundungen bis kurz vor der Naht einschneiden, das Lätzchen wenden, bügeln und von rechts füßchenbreit absteppen. Schrägband der Länge nach doppelt legen und bügeln. Die Mitte des Schrägbandes mit einer Stecknadel markieren und an den Halsausschnitt stecken. Schieben Sie das Lätzchen bis zum Bruch in das Schrägband und heften oder stecken Sie es fest. Die markierte Mitte des Schrägbandes trifft dabei auf die Mitte des Halsausschnittes. Das Schrägband über die gesamte Länge schmal absteppen.

Ein Küchenfreund für alle Tage

Hängende Bestecktasche ♥ Größe: ca. 10 x 16 cm ♥ Schwierigkeitsgrad: ✱

In dieser Tasche lassen sich mühelos all jene Utensilien verstauen, die sonst die Schubladen verstopfen und trotzdem nicht griffbereit sind: Kochlöffel, Schneebesen, Bratenwender, und sogar das Salatbesteck.

Material:
- Baumwollstoff außen, 50 x 30 cm
- Baumwollstoff innen, 50 x 30
- Einlage, 60 x 40 cm

Zuschnitt:
- Baumwollstoff außen, 35,5 x 22 cm
- Baumwollstoff innen, 35,5 x 22 cm
- Bodenkreis je 1 x aus Außen- und Innenstoff, sowie aus Einlage laut Vorlage auf S. 77
- Stoffschlaufe, 30 x 5 cm
- Einlage für Schlaufe, 30 x 2,5 cm
- Einlage, 35,5 x 22 cm

Nähen:
Beginnen Sie mit dem Schlaufenband. Den Stoff der Länge nach rechts auf rechts legen und den Einlagestreifen darüber. Nähen Sie entlang der offenen Längskante und fassen Sie die Einlage mit. Wenden Sie die Schlaufe und bügeln Sie sie kurz bei niedriger Temperatur. Für die Tasche die Einlage von links auf den Außenstoff legen und ringsum festnähen. Den verstärkten Stoff an den kurzen Kanten rechts auf rechts zusammennähen. Den Bodenkreis ebenfalls von links mit Einlage benähen und dann rechts auf rechts mit 0,4 cm Nahtzugabe an den Außenstoff nähen. Den Futterstoff rechts auf rechts an den kurzen Kanten zusammennähen, dabei jedoch eine 6 cm große Wendeöffnung offen lassen. Außentasche und Futter an der Oberkante rechts auf rechts mit 0,4 cm Nahtzugabe zusammennähen. Dann den Boden rechts auf rechts an die Futtertasche nähen. Tasche auf rechts wenden und die Oberkante 0,4 cm vom Rand entfernt absteppen. Das Schlaufenband doppelt legen und die beiden Enden zusammen an die Innenseite der Tasche nähen, mit 7 cm Abstand von der Oberkante.

Material und Werkzeuge

Nähmaschinen-Nadeln
Die zu verwendende Stärke hängt von Stoff- und Garnstärke ab. In den Herstellerangaben der Nähmaschinen sind entsprechende Tabellen zu finden. Generell gilt: Je höher die Nadelnummer, desto dicker die Nadel. Für feinere Stoffe wie Batist, Seide, Tüll und Taft feine Nadeln, für Baumwollstoffe mittelstarke Nadeln und für festere Stoffe wie Deko- und Möbelstoffe stärkere Nadeln verwenden. Nähmaschinennadeln sind Verschleißteile und müssen immer wieder ausgetauscht werden. Wenn der Faden oft reißt oder das Stichbild ungleichmäßig ist, kann dies an einer schadhaften Nadel liegen.

Garne
Bei der Garnwahl stets auf gute Qualität achten, um reißende Fäden, ärgerliche Knoten, Schlaufen und springende Spulen zu vermeiden. Synthetikgarne sind unverwüstlich, werden auch als „Allesnäher" bezeichnet und leisten gerade zum Einstieg gute Dienste. Daneben gibt es Baumwoll- oder feine Seidengarne. Heftgarn (auch Reihgarn genannt) besteht aus lose verzwirnter Baumwolle und kann leicht zerrissen und rasch entfernt werden.

Stecknadeln, Nähnadeln
Stecknadeln sind unverzichtbar zum Fixieren von Stofflagen aufeinander. Tipp: Stecknadeln immer quer zur Nährichtung stecken, dann kann man sie beim Nähen leichter herausziehen. Zum Heften und für Handstiche immer eine Auswahl Universalnadeln bereithalten.

Schneidelineal, Rollschneider, Schneideunterlage
Teile mit geraden Kanten und Streifen lassen sich damit sehr gut und schnell schneiden. Diese verhältnismäßig teuren Anschaffungen lohnen sich aber nur, wenn Sie häufig nähen.

Maßband und Kreide
Das Maßband ist unerlässlich beim Zuschnitt und bei der passgenauen Näharbeit. Mit Schneiderkreide und wasserlöslichen Markierstiften werden die verschiedenen Schnittteile auf den Stoff aufgezeichnet. Schneiderkreide wird mit der Zeit wieder unsichtbar, sollte aber besser auf der linken Stoffseite verwendet werden. Sie eignet sich besonders, wenn lange Schnittstrecken markiert werden sollen.

Grundmaterial

- Nähmaschine
- passendes Nähgarn
- Heftgarn
- Nähnadeln, Stecknadeln
- Stoffschere
- Papier, Papierschere
- Bleistift
- Lineal, Maßband
- Schneiderkreide
- Bügeleisen, Bügeltuch
- Schneidunterlage

Hinweis
Um Wiederholungen zu vermeiden, sind die Grundmaterialien in den einzelnen Modell-Anleitungen nicht mehr erwähnt.

Grundbegriffe des Nähens

Stoffbruch
Bei der doppelten Stofflage entsteht eine Faltlinie, die als Stoffbruch bezeichnet wird. Auf einem Schnitt bezeichnet der Stoffbruch die Mitte eines Schnittteils und ist meist als Bruchlinie dargestellt. Dort wird der Stoff gefaltet und die entsprechende Kante des Schnitts ohne Nahtzugabe aufgelegt. An dieser Stelle entsteht keine Naht.

Fadenlauf
Jedes Gewebe besteht aus Kettfäden (längs) und Schussfäden (quer). Der Fadenlauf entspricht der Richtung der Kettfäden und verläuft parallel zur Gewebekante. Der Zuschnitt sollte immer im Fadenlauf erfolgen, damit sich der Stoff nicht verzieht. Falls der Stoff keine Strichrichtung hat, z. B. bei Baumwollstoffen in Leinwandbindung, können Sie, um Stoff zu sparen, auch entlang der Schussfäden schneiden, jedoch niemals schräg dazu.

Waschen und bügeln
Bevor Sie anfangen zu nähen, waschen Sie den Stoff, um späteres Einlaufen zu vermeiden. Den Stoff immer vor Beginn der Näharbeiten und zwischen den einzelnen Arbeitsschritten bügeln. Empfindliche Stoffe zum Bügeln mit einem sauberen Baumwolltuch bedecken.

Rechte und linke Stoffseite
Jeder Stoff hat eine rechte und eine linke Stoffseite. Die rechte Seite entspricht der Stoffaußenseite. Bei bedruckten Stoffen ist diese leicht zu erkennen, da hier das Muster deutlicher zu sehen ist. Wird ein Stoff rechts auf rechts gelegt, befindet sich die Stoffaußenseite/rechte Seite innen und die („weniger schöne") linke Seite außen. Liegt ein Stoff links auf links, befindet sich die rechte Seite außen und die linke innen.

Nahtzugabe
Wird ein Stoff zu nah an der Kante genäht, reißen Naht und Stoff leicht auf. Deswegen in der Regel beim Zuschnitt eine Nahtzugabe von 1 cm hinzurechnen. Bei den Vorlagen zu den Modellen im Buch ist die Nahtzugabe bereits mit eingezeichnet.

Fadenspannung
Je nach Stoffart muss die Fadenspannung der Nähmaschine reguliert werden, damit keine Garnschlaufen entstehen. Am besten zunächst ein kleines Teststück anfertigen.

Einlagematerial
Dieses Material verleiht Stoffen Form und Halt. Es gibt Vliese in verschiedenen Stärken, zum Aufnähen und auch zum Aufbügeln. Einseitige Bügelvliese haben eine Klebeseite (=linke Vliesseite), die meist etwas rauer ist und leicht glänzt. Diese auf der linken Stoffseite platzieren. Anschließend das Bügelvlies mit einem Bügeltuch abdecken und nach Herstellerangaben aufbügeln. Der Stoff wird dadurch steifer. Angaben zur Bügeltemperatur sind in der Regel auf das Vlies aufgedruckt. Die Verarbeitung von doppelseitigem Bügelvlies finden Sie unter dem Stichwort „Applizieren mit doppelseitigem Bügelvlies".

Stoffmengen
Die Stoffmenge wird bei allen Modellen so angegeben, dass ein Einlaufen der Stoffe von 3–5 % einberechnet ist. Die Breite entspricht entweder dem handelsüblichen Angebot von 140 cm, manchmal auch 150 cm oder es ist nur das tatsächlich benötigte Maß angegeben, damit man auf einen Blick sehen kann, ob auch ein Stoffrest noch ausreicht.

Heften und Stecken
Stoffteile immer erst mit Stecknadeln fixieren oder rasch von Hand heften. So können die Stoffteile beim Nähen nicht verrutschen oder Falten werfen. Achtung: Stecknadeln quer zur Nährichtung in den Stoff stecken und beim Nähen Stück für Stück herausziehen, sonst kann die Nähnadel abbrechen.

Grundtechniken des Nähens

Nahtzugabe versäubern

Damit die Stoffkanten nicht ausfransen, sollten die Nahtzugaben versäubert werden. Hierzu eignet sich der Zickzack-Stich oder ein Overlock-Stich. Falls die beiden Nahtzugaben einer Naht getrennt versäubert werden, geschieht dies, bevor die Naht genäht wird. Falls die Nahtzugaben zusammen versäubert werden, wird zuerst die Naht geschlossen und dann werden beide Kanten mit einer Zickzack-Naht versäubert.

Verstürzte gerade Naht

Stoffe „verstürzen" bedeutet, dass die rechten Stofflagen zunächst im Inneren des Nähguts liegen, die Schnittkanten liegen bündig aufeinander. Anschließend wird die Naht mit einem Geradstich geschlossen und das Teil dann gewendet, so dass die rechten Seiten außen liegen, die Nahtzugaben innen. Bei Ecken ist es wichtig, dass die Nahtzugaben vor dem Wenden schräg abgeschnitten werden, damit sie sich nachher besser legen.

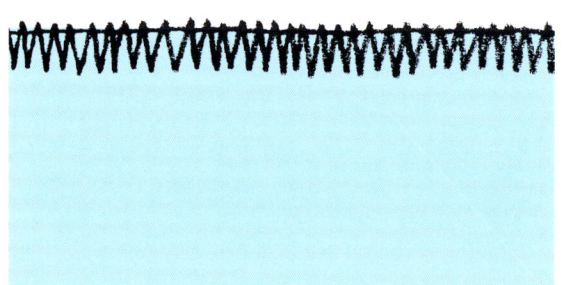

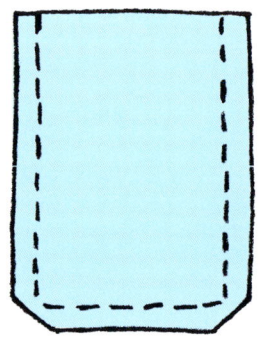

Nähte verriegeln

Jede Naht muss am Anfang und Ende vernäht werden, damit sie sich nicht wieder auflöst. Diesen Vorgang nennt man „Verriegeln": Am Nahtbeginn drei bis vier Stiche nähen, dann die Rückwärtstaste drücken und drei bis vier Stiche zurücknähen, bevor die ganze Naht erneut vorwärts genäht wird. Das Nahtende mit drei bis vier Rückwärtsstichen sichern.

Verstürzte Naht: Rundungen

Bei Rundungen die Nahtzugaben vor dem Wenden in kleinen Abständen bis ca. 1 mm vor die Naht einschneiden. Nur wenn die Nahtzugaben eingeschnitten werden, liegt die gebogene Kante nach dem Verstürzen schön flach.

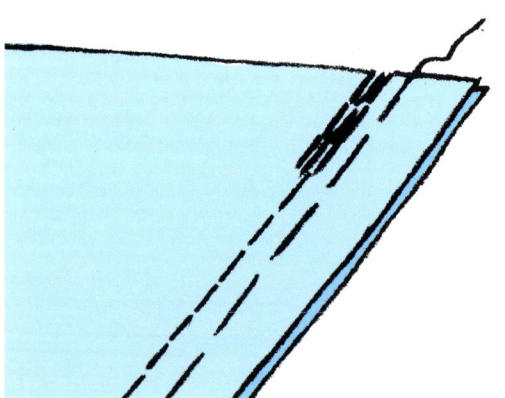

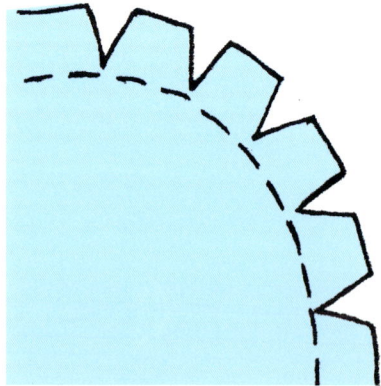

Schrägband: Gerade Kanten einfassen

Schrägband ist im Handel bereits vorgefalzt erhältlich. Dieses Band noch einmal zur Hälfte legen und einen Mittelfalz einbügeln. Die Stoffkante an den Mittelfalz des Schrägbandes schieben und zunächst mit Stecknadeln fixieren. Das Schrägband sollte gerade laufen und auf der Stoffvorder- und -rückseite gleich breit liegen. Anschließend das Schrägband feststeppen.

Spitze annähen

Die Spitze wird rechts auf rechts auf den Stoff gelegt, so dass die gerade Seite der Spitze an der Stoffkante liegt. Dann Spitze und Stoff mit angegebenem Abstand zur Kante zusammennähen, Nahtzugaben versäubern und nach links umbügeln. Zum Schluss den Stoff nach Anleitung absteppen. Bei Rundungen und Ecken die Spitze an der Außenkante einhalten und an der Innenkante dehnen, so dass die Spitze glatt liegt, wenn sie nach außen umgeschlagen wird.

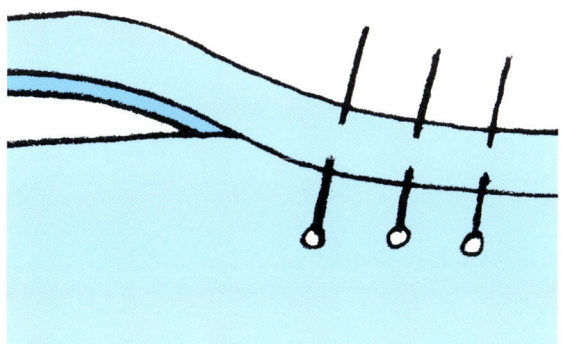

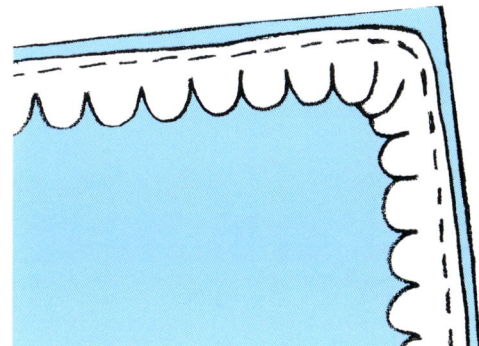

Schrägband: Ecken und Rundungen einfassen

Zunächst die gerade Kante mit vorgefalztem Schrägband einfassen und bis zur Ecke steppen. Dann das Schrägband aufklappen, diagonal falten und feststecken. Die folgende gerade Kante ebenfalls mit Stecknadeln fixieren, dann feststeppen. Bei Rundungen das Schrägband an der Außenkante dehnen und an der Innenkante einhalten.

Ecke abnähen

Die entsprechende Ecke so falten, dass an der Spitze ein Dreieck entsteht, bei dem die Naht die Mitte bildet. Dieses Dreieck quer zur bestehenden Naht absteppen. In der Anleitung ist immer die Höhe des abzunähenden Dreiecks angegeben, die entlang der bestehenden Naht gemessen wird.

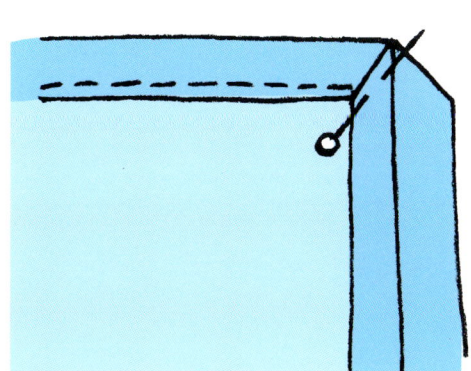

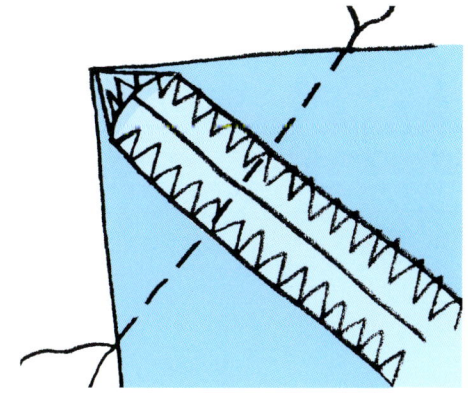

Besondere Nähtechniken

Doppelter Einschlag mit Zugband

Der doppelte Einschlag, auch als Saum bezeichnet, ist ein sauberer, abgesteppter Abschluss von offenen Stoffkanten. Die Stoffkante wird zunächst einmal in der gewünschten Breite nach hinten umgeschlagen, gebügelt, ein weiteres Mal umgeschlagen und erneut flach gebügelt. Anschließend wird der Saum entlang der Bruchkante von links festgesteppt.

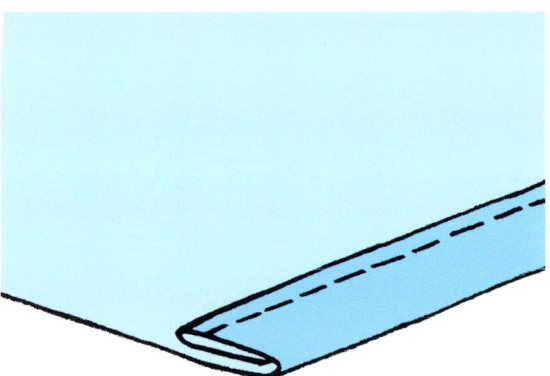

Zum Hindurchziehen durch den doppelten Einschlag das vordere Ende des Zugbandes mit einer kleinen Sicherheitsnadel versehen, das andere Ende ebenfalls mit einer Sicherheitsnadel außerhalb des Tunnels feststecken. Das vordere Ende in den Tunnel einfädeln und von außen mit schiebenden Handbewegungen hindurchführen, bis es am anderen Ende wieder herausschaut. Die beiden Sicherheitsnadeln lösen.

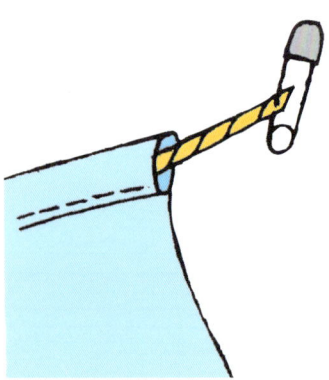

Beidseitig verdeckter Reißverschluss

Den Reißverschlussfuß an der Nähmaschine einsetzen. Nahtzugaben der beiden Stoffkanten, an denen der Reißverschluss eingesetzt wird, versäubern. Die Reißverschlusslänge einzeichnen. Die Naht zu beiden Seiten des Reißverschlusses schließen, Nahtzugaben auseinanderbügeln und die Stoffkanten an der Öffnung in gleicher Breite umbügeln. Den Reißverschluss öffnen und unter die umgebügelten Kanten heften, so dass die Zähnchen mit der Stoffkante abschließen.

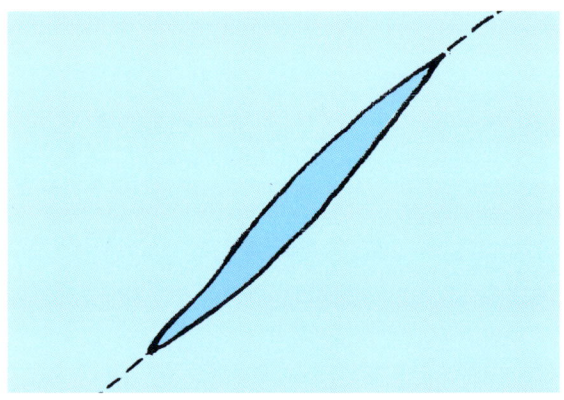

Erst die linke Seite füßchenbreit bis etwa 3 cm vor Schluss steppen, Nadel gesenkt lassen, Nähfuß anheben und den Reißverschluss am Nähfuß vorbei schließen. Bis zum Ende steppen, den Stoff drehen und die Quernaht schließen. Den Stoff bei gesenkter Nadel wieder drehen und die rechte Reißverschlussseite steppen. Nach etwa 3 cm die Nadel gesenkt lassen, Nähfuß heben und den Reißverschluss am Nähfuß vorbei erneut öffnen. Die rechte Seite und die zweite Quernaht nähen.

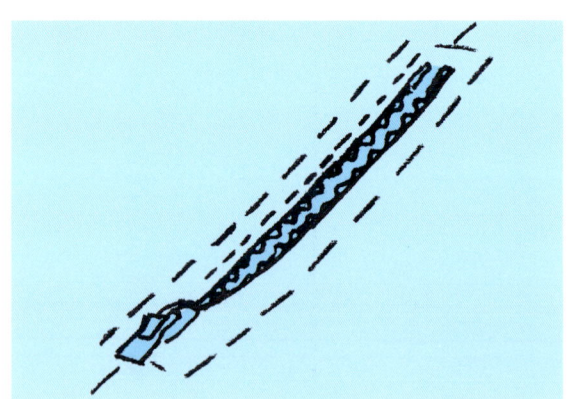

Applizieren mit doppelseitigem Bügelvlies

Doppelseitiges Bügelvlies hat eine Papierseite und eine leicht glänzende Klebeseite und wird von beiden Seiten aufgebügelt: Da es durchscheinend ist, kann man es einfach über die Vorlage legen (Papierseite oben) und das Schnittteil mit Bleistift aufzeichnen. Bügelvlies großzügig zuschneiden und mit der glänzenden Seite auf die linke Stoffseite legen und von der Papierseite her aufbügeln. Die zuvor aufgezeichnete Motivkontur ausschneiden.

Handstich: Blindstich

Gearbeitet wird von rechts nach links. Um einen Saum anzunähen, vom Einschlag aus die Nadel in den Oberstoff einstechen, ein bis zwei Fäden des Oberstoffes greifen und im Abstand von ca. 6 mm in den Einschlag einstechen. Sollen zwei eingeschlagene Kanten aufeinandergenäht werden, durch den Einschlag der unteren und oberen Kante stechen, die Nadel ca. 6 mm durch den Stoff des oberen Einschlags führen, ausstechen und auf gleicher Höhe in den unteren Einschlag stechen. Die Nadel wieder ca. 6 mm durch den Stoff führen usw.

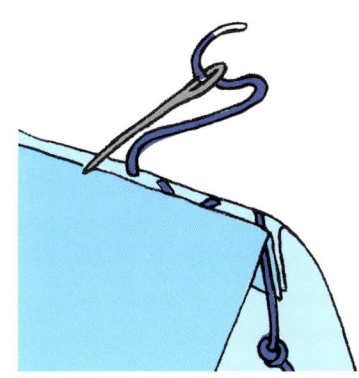

Anschließend das Papier vom Bügelvlies abziehen und das Motiv mit dieser Seite auf dem Trägerstoff platzieren. Die Applikation aufbügeln und mit einem engen Zickzackstich aufnähen.

Handstich: Heftstich

Mit diesem Stich werden zwei oder mehr Stofflagen zusammengehalten, bevor die Naht mit der Maschine gesteppt wird. Hierfür einfach von oben nach unten durch die Stofflagen stechen, die Nadel ein Stück weiterführen und von unten nach oben ausstechen.

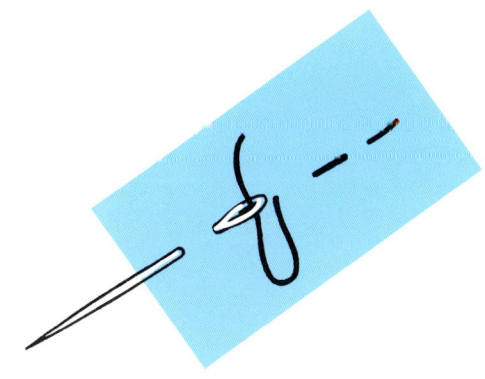

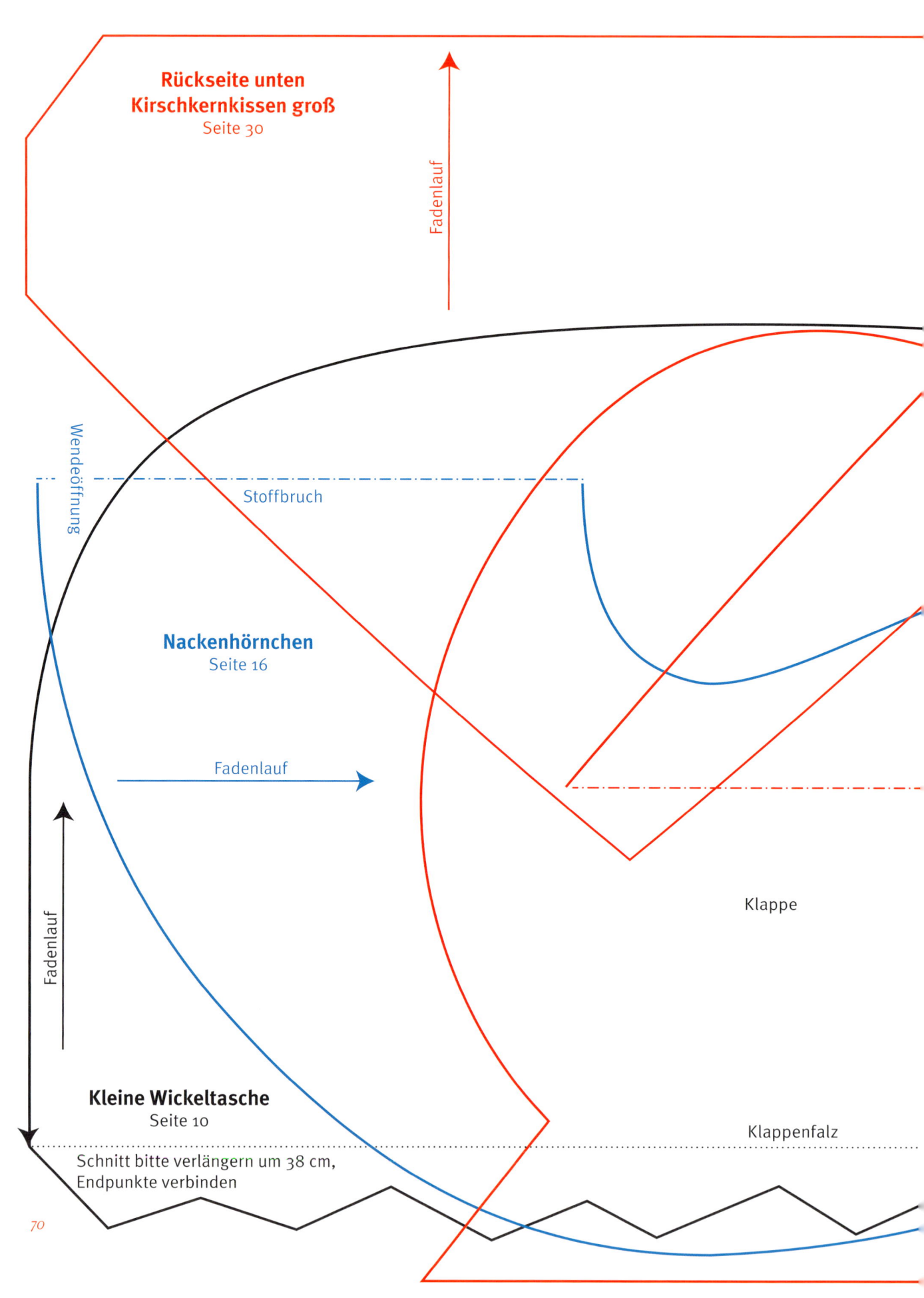

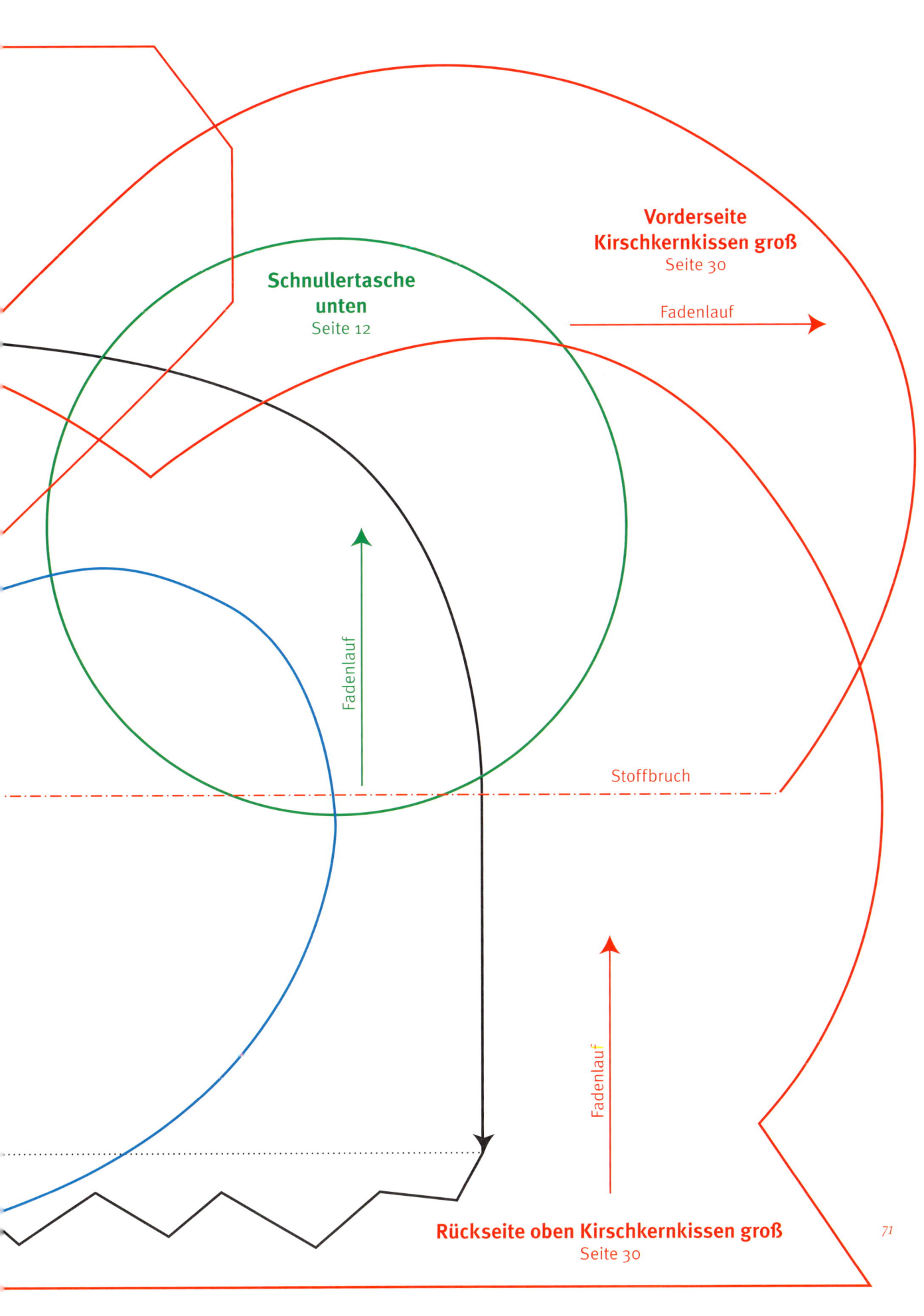

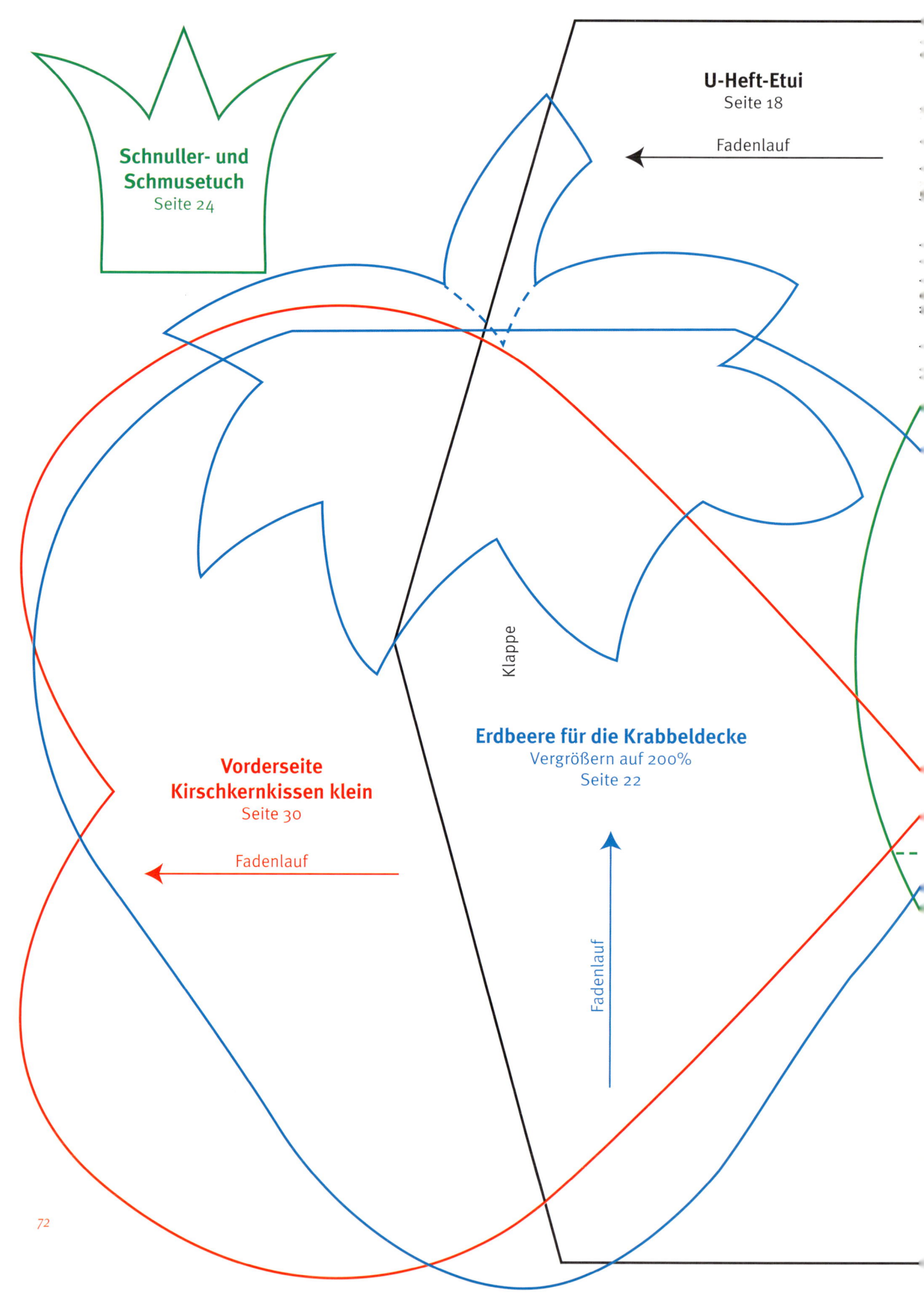

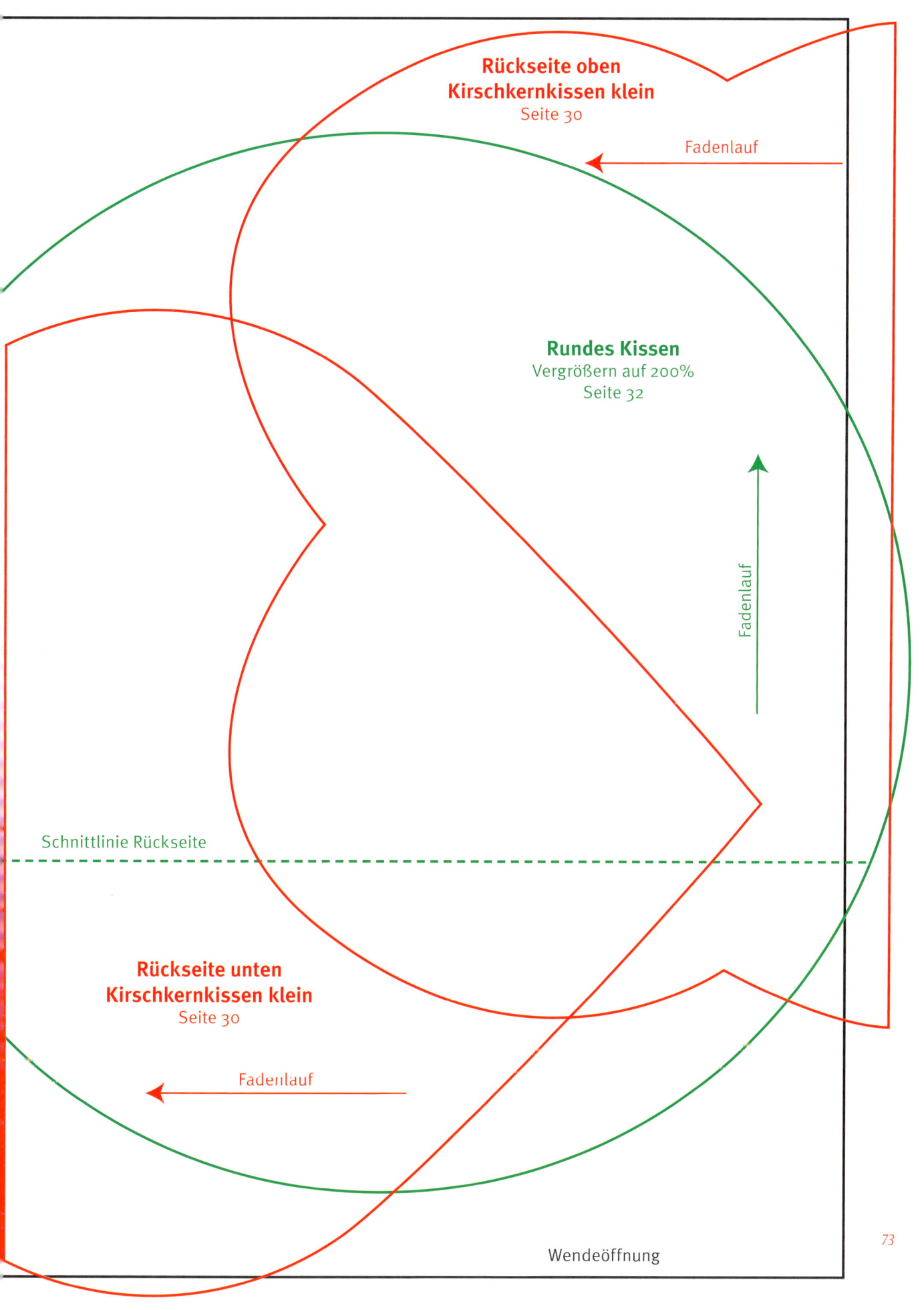

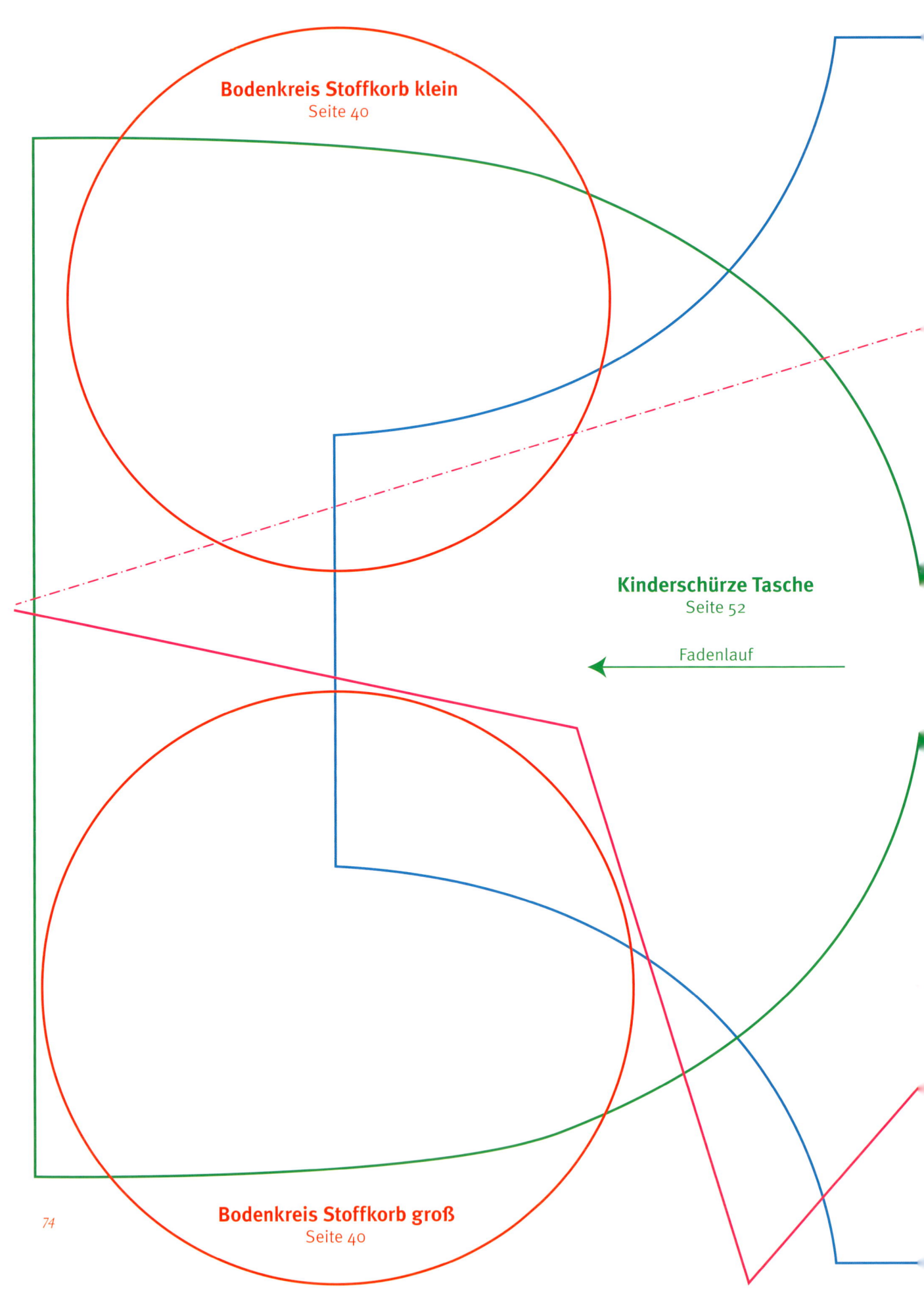

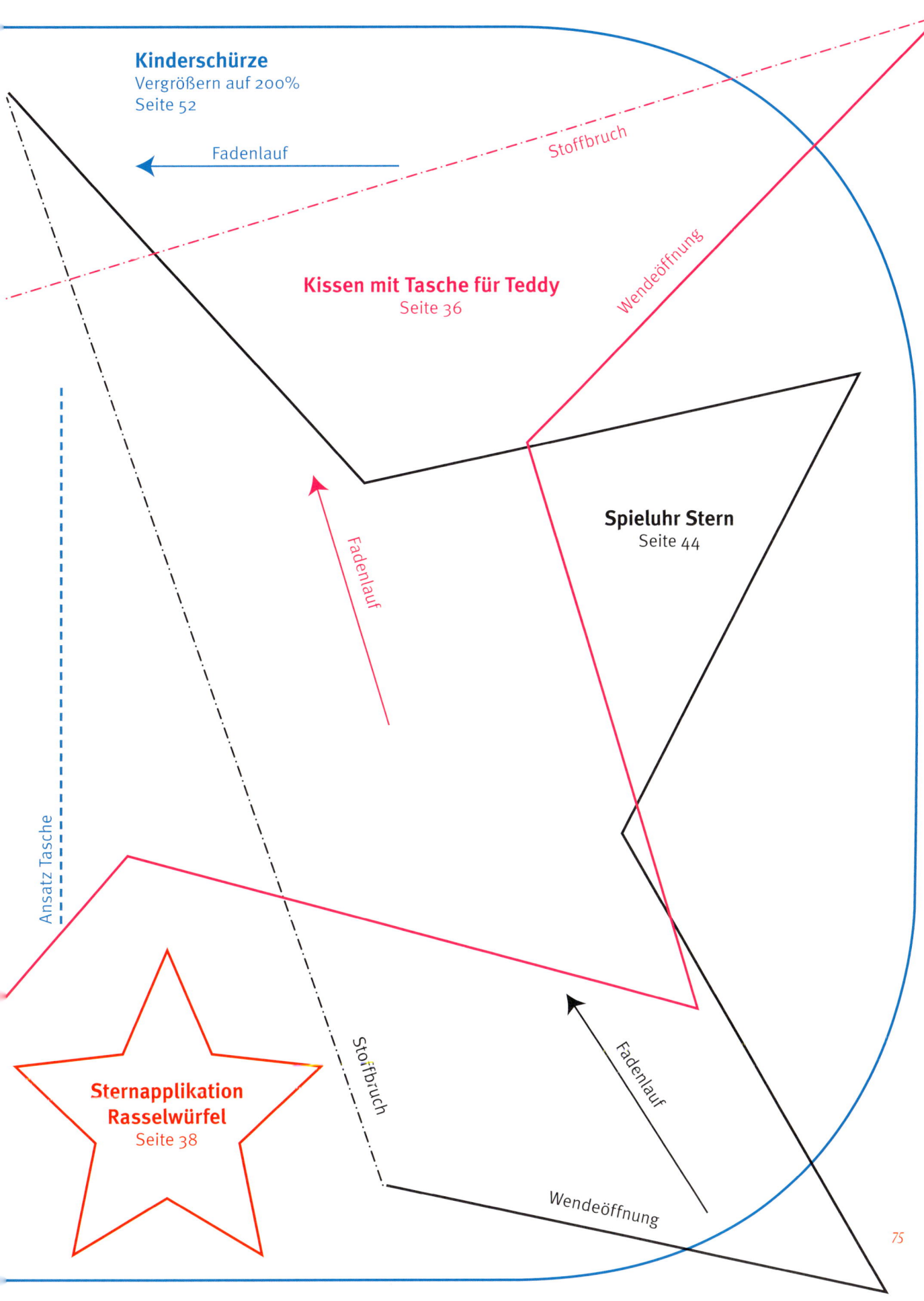

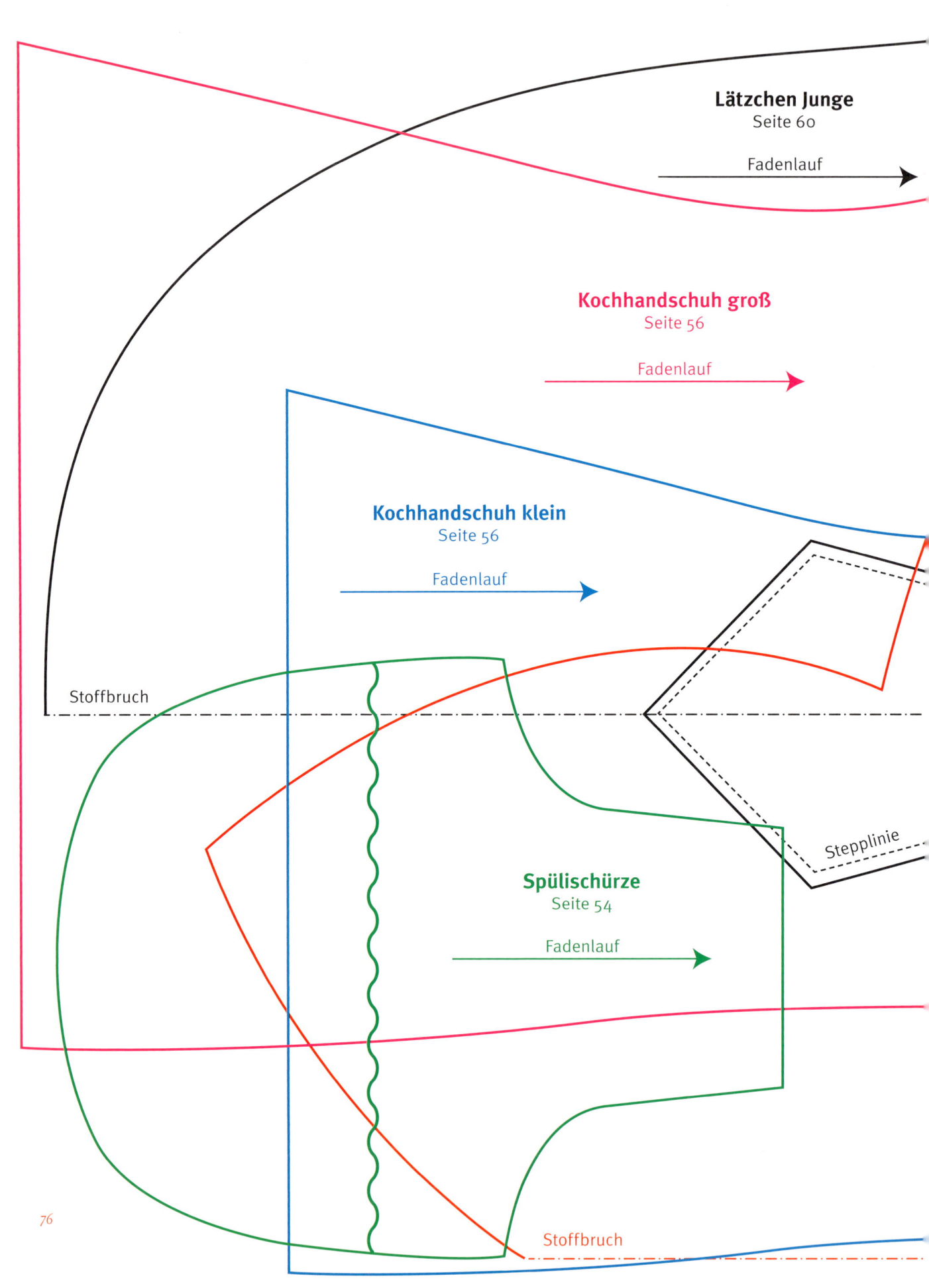

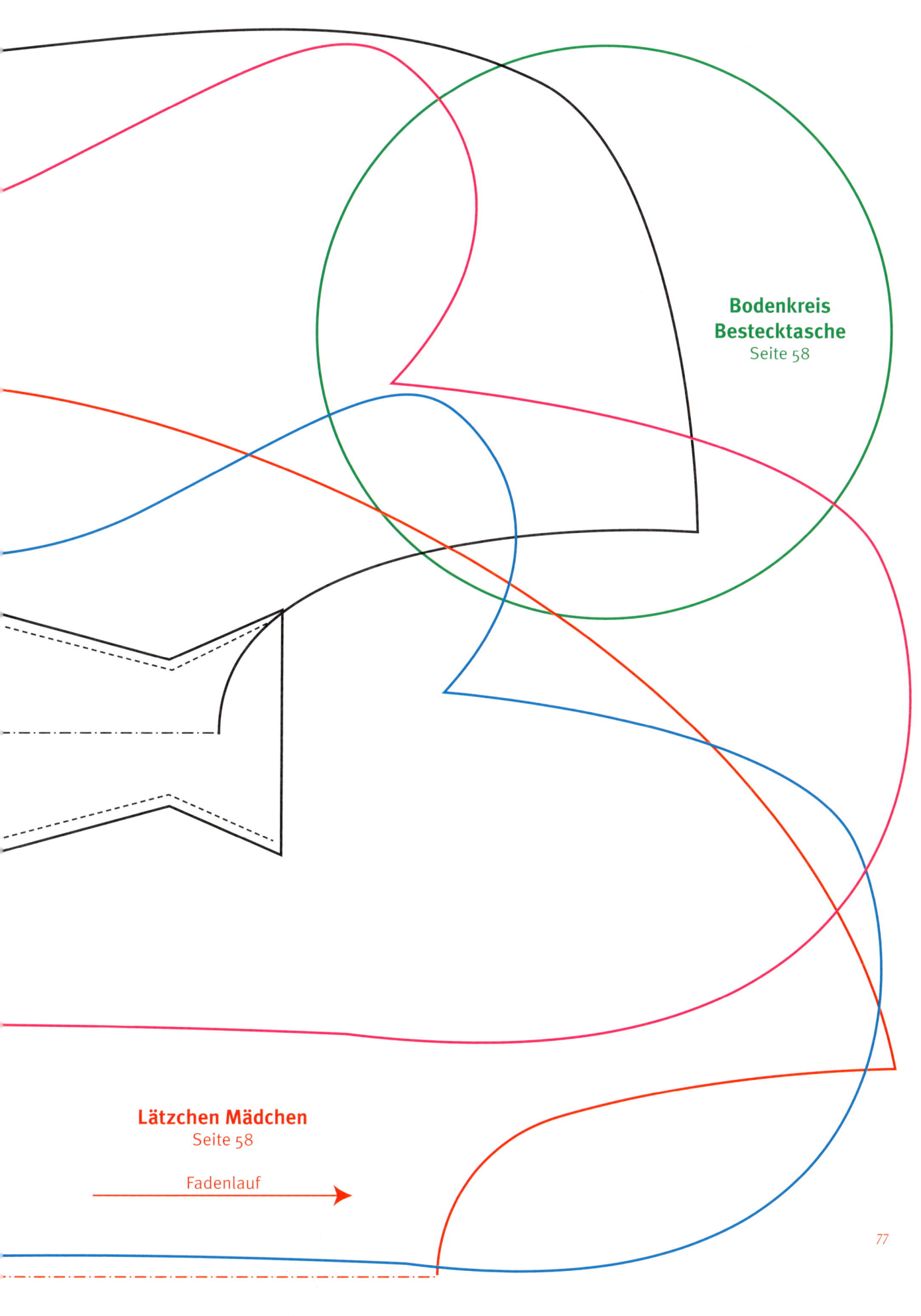

Impressum

Autorin: Emanuela Pesché, alias tante ema
Fachlektorat: Petra Daniels
Redaktion: Angelika Klein
Fotos: UZwei, Uli Glasemann
Styling: Elke Reith
Umschlaggestaltung: Yvonne Rangnitt
Layout und Satz: GrafikwerkFreiburg
Technische Zeichnungen: Susanne Nöllgen, GrafikBüro Berlin
Schnittzeichnungen: Emanuela Pesché
Reproduktion: Meyle + Müller, Pforzheim
Druck und Verarbeitung: Himmer AG, Augsburg

ISBN 978-3-8410-6001-3
Art.-Nr.: OZ6001

2. Auflage 2011

© 2010 Christophorus Verlag GmbH & Co. KG, Freiburg
Alle Rechte vorbehalten.

Herstellernachweis, Bezugsquellen

Stoffe/Vliese:
Hemmers Itex
Textil Import Export GmbH
www.textilhemmers.de

tante ema Deutschland
www.tanteema.com

Bezugsquellen in Ihrer Nähe
www.tanteema.com/stoffhaendler

Freudenberg Vliesstoffe KG, Heidelberg
www.vlieseline.de

Zubehör:
Gütermann AG, Gutach-Breisgau
www.guetermann.com

Prym Consumer GmbH, Stolberg
www.prym-consumer.de

Danksagung

Ein herzliches Dankeschön für die Unterstützung gilt den Firmen Zeller, Rayher und Confiserie Rafael Mutter.

Sämtliche Modelle, Illustrationen und Fotos sind urheberrechtlich geschützt. Jede gewerbliche Nutzung ist untersagt. Dies gilt auch für eine Vervielfältigung bzw. Verbreitung über elektronische Medien.

Autorin und Verlag haben die größtmögliche Sorgfalt walten lassen, um sicherzustellen, dass alle Angaben und Anleitungen korrekt sind, können jedoch im Falle unrichtiger Angaben keinerlei Haftung für eventuelle Folgen, direkte oder indirekte, übernehmen.

Die gezeigten Materialien sind zeitlich unverbindlich. Der Verlag übernimmt für Verfügbarkeit und Lieferbarkeit keine Gewähr und keine Haftung. Farbe und Helligkeit der in diesem Buch gezeigten Garne, Materialien und Modelle können von den jeweiligen Originalen abweichen. Die bildliche Darstellung ist unverbindlich. Der Verlag übernimmt keine Gewähr und keine Haftung.

Kreativ-Service

Sie haben Fragen zu den Büchern und Materialien? Frau Erika Noll ist für Sie da und berät Sie rund um alle Kreativthemen. Rufen Sie an! Wir interessieren uns auch für Ihre eigenen Ideen und Anregungen. Sie erreichen Frau Noll per E-Mail: **mail@kreativ-service.info** oder Tel.: **+49 (0) 5052/91 18 58** Montag–Donnerstag: 9–17 Uhr / Freitag: 9–13 Uhr

Besuchen Sie uns im Internet: **www.christophorus-verlag.de**